陳定南教育基金會 策劃

黃增添 編寫

廉能政治的實踐家

陳定南傳

典範永流傳

林光義（陳定南教育基金會董事長）

「如果討人喜歡與受人尊敬無法兩全，我寧願受人尊敬。」這是陳定南最令人傳頌的經典名言，也是他畢生堅持與榮譽同在的最佳寫照！

一九七四年卅一歲的陳定南在臺北自創勇菱鞋業公司，不出數年即創造出亮麗的營業額。有一次，一位外國客戶，檢視他的鞋子後，棄擲於地，說：「這種爛貨！」陳定南厲聲還以顏色說：「We sell merchandise, not dignity.（我們賣商品，不賣尊嚴）。」那位老外沒想到他那一招「殺價伎倆」引來如此激烈的反彈，連忙道歉並婉言請求減價，終於達成交易，但陳定南仍不忘補上一句說：「We discount price, not quality.（我價錢打折，但品質不打折）。」

廉能、遠見、魄力、堅持公理正義和追求完美的精神，是陳定南留給臺灣人最珍貴的核心價值，也是我們後世子孫的最佳學習典範。

「男兒欲到凌煙閣，第一功名不愛錢。」清廉已是陳定南的金字招牌，但更值得津津樂道的是他的遠見與魄力，他一上任就嚴禁山坡地的開發和濫墾，使三面環山的宜蘭沒有土石流的災難，他「大義滅親」與老東家王永慶上電視辯論，不讓六輕越雷池一步，為宜蘭保住好山好水好空氣的優質生活環境，可謂功垂金石，名播千秋。

感謝黃增添賢棣花費多年時間搜集資料，達成編寫這本書的艱鉅任務，他是一流的美工老師，也是一位很有天分的藝術家，更令人驚豔的是他的文筆也是一流的，若非有深厚的功力，是不能把陳定南寫得這樣貼切，讓讀者深深被吸引住。透過對陳定南的瞭解，將使臺灣向上提升的力量持續加強，青天長照。

陳定南永不過時

黃瑞疆　老師

從宇宙遞嬗，地球演化的宏觀歷程來看，人類其實邈不足道，因此絕大多數的人都只能侷限於一個世代，即使富可敵國的財閥，權傾一時的政客，甚或殺人無數的獨夫率多如此。當他們在位正紅時，莫不前擁後應，一呼百諾，掌權者為迎合敵人統戰，視指揮軍警踐踏百姓如無事。一旦改朝換代或政黨輪替，不論為階下囚，便是巨案累累，難逃法網。無論如何，這些人在時間洪流的淘洗下，不出一個世代，很快便如灰飛煙滅，成了歷史的餘燼。不是被人民唾棄，就是成為時代的負面教材。

細數中國三千年帝制，歷代文臣武將不知凡幾？而能為後人景仰者又有若干？五百多位專制帝王，堪稱明君者更是屈指可數。何以故？這些人除了壞蛋與笨蛋外，恐怕很難找到第三個答案了。

歷史自是詭譎殘酷，人類縱使微不足道，但就像廣寒幽邃的夜空中總有一兩顆「鍰鍰內含光」的孤星，指引著暗夜旅人的歸路。例如從貧窮年代以迄於今，臺灣底層角落，在「募一寡（很少）錢，做真濟（很多）事」外國傳教士的努力關懷奔走下，那些身障者、痲瘋患者、弱智者……都得到了不少的慰藉與庇護。同樣的，在長期戒嚴，黨國意識教條肆虐的年代，黨外人士前仆後繼，終於為臺灣衝出了一線民主的曙光，其中陳定南便如一顆熠熠的政治孤星，雖然踽踽獨行，卻憑他過人的行政長才，是非分明的政治潔癖，以及堅忍果決超乎常人的毅力，為八〇年代混沌污濁的臺灣政壇立下了一個全然清新的典範。

眾所周知，八〇年代起正是蔣經國晚年最陰狠暴虐，肅殺鎮壓的瘋狂時期，繼美麗島大搜捕之後，次年二月廿八日隨即爆發林義雄母親及雙生女兒的滅門血案；一九八一年歸國年輕學人陳文成教授伏屍臺大校園；一九八四年筆名江南的作家劉宜良在美國住家前遭人槍殺，蔣氏政權這一連串的政治虐殺，不但無法震懾臺灣人追求民主的決心，反而激發更多有良知的社會菁英投入反抗陣營，包括在商場已頗有成就的陳定南在內。

此時的陳定南既非美麗島起義的受刑人或其家屬，也非軍法大審的辯護律師，他大可像多數以追逐個人利益為考量的商人一樣置身事外，以求明哲保身，但基於嫉惡如仇的先天性格以及成長過程中看遍無數日本武士片仗義行俠的後天薰陶。一九八〇年他已迫不及待地跳出來替臺大法律系同班同學姚嘉文妻子周清玉及宜蘭同鄉黃煌雄助選，隔年更親自參加已被國民黨牢牢掌控卅年的宜蘭縣長選舉，並且一戰成名，但對此時的陳定南而言，選舉只是一時的手段而已，發揮理想，施展抱負才是他的終極目標。

做為一個民選的地方行政首長，陳定南具有極優異的先天特質，他不但記憶力超強，反應靈敏，嫻熟法令，嚴以律己，加上涉獵廣泛，博極群典，這些綜合條件使他在擘畫縣政藍圖上如有神助。而當年在戒嚴體制、八大情治系統長期監控分化下，黨外縣市長不但鮮少有人獲壓倒性連任成功，粉身碎骨者亦大有人在。陳定南以其幾盡完美的個人操守，不但令情治單位無懈可擊，在一次座談會上陳定南當著調查局副局長的面，公開痛責調查局官官相護。至於取消電影院看電影唱國歌，讓國旗永駐竿頭與日月同光，學校不必每天升降旗，機關學校取消懸掛蔣氏父子肖像，停止舉辦國慶假日集會遊行活動，廢除人二室及學校安維祕書，將侵犯人權的「忠誠資料」銷毀溶製紙漿，這一連串直接挑戰中央威權體制、鉗制人民思想的劃時代改革，更早已寫入了臺灣政治改革史上極重要的里程。

從一九八六年戰到一九九二年，從縣長時代戰到立委時代的反六輕運動，更是陳定南一項「不可能的任務」，他不但要對抗來自國民黨中央政府的施壓，還要應付在野黨占絕對優勢的議會杯葛，臺灣第一大財團在地方的金錢與人情攻勢，更是所向披靡，三等窮縣，長期工商不振，求職若渴的民意壓力紛至沓來。臺灣史無前例，比任何政治改革都要艱難棘手的六輕議題，交織在財團、政客、民意與國家政策的綿密火網中，設想當年若無秉公無私，不計生死利害，能力超卓，民間聲望崇隆，一切以四十五萬縣民及其後世子孫永續禍福為念的政壇領袖挺身對抗，今天兩千多平方公里的蘭陽淨土將是何等局面？

近日欣見臺灣各級行政官員，立法院蘇嘉全院長等，在《臺灣旅行法》的保障下暢遊美國，拜訪部會首長，面見國會領袖，享受邦交國完整互惠的外交禮遇。這遲來的尊嚴與榮耀不禁令人想到二〇〇二年法務部長陳定南冒著被中國打壓，媒體冷嘲熱諷，駐美官員「婉轉」勸說下，依舊秉持他一貫的冷靜態度，深思謀慮與堅強意志，最後不但進入了美國司法大樓，與司法部長艾希克羅（John Ashcroft）會談四十分鐘並簽訂了「臺美司法刑事協定」，陳定南成了臺美斷交廿多年後第一個進到美國部會與司法首長面談的臺灣內閣閣員。

陳定南始終引領政壇風騷，官位雖小，卻為國家人民做了很多事，且每件都攸關人民權益與福址，甚至是健康與生命安全的大事。因此備受人民的尊敬與愛戴，猶記一九九〇年海外臺灣人社群流行的一個說法，他們將臺灣人一分為三，分別是「外省人」、「臺灣人」與「宜蘭人」，國內則盛傳「宜蘭人出外行路有風」的說法。

我想，德蕾莎修女的偉大並不在於她募了多少錢，擁有多少土地或交了多少權貴朋友，反而她說：「拯救窮人唯一的方法便是讓你自身也變成窮人。」同樣身軀瘦小，臨終之前早已身家單薄的陳定南，也並非他做了什麼大官，擁有多大的權力，攀結什麼層峰人物，反而一再戒慎自己，遠離權力核心，謝絕無謂應酬，絕不籌組派系，陳定南一生的行事作為，如今都已成了臺灣人無比寶貴的政治資產與核心價值。陳定南已經跨越了他的世代，我不敢說他是不是所謂的歷史偉人，但我敢斷言，陳定南絕對是永不過時的，他將永遠活在臺灣人民的心中。

如今我的好友兼同事黃增添老師運用他樸實的文筆和特有的美工長才，由過去替陳定南文宣製作到借調法務部近身觀察陳定南的言行，利用十年的功夫，集結無數史料，完成了《廉能政治的實踐家：陳定南傳》一書，政界朋友或有心從政的年輕學子不妨人手一冊，因為它將是你人生旅途上極具參考價值的名山寶典。

從那兒我將有所見

林性慈（陳定南教育基金會祕書）

「阿南啊！不是要考大學了嗎，怎麼還在鋤田？」

「放心，沒關係啦！要去臺北考試時，在火車上『冊』翻翻就好了！」

長輩這樣形容著陳定南。

從小定南就是個好奇、調皮、聰穎、有感、貼心的囝仔；正義良善，對於生活周遭眾人之事十分「雞婆」。相信，從本書少年陳定南起，讀者會時刻不禁莞爾且掩卷沈思。母親雖早逝，定南仍能暖暖地感受母親對他的靜愛。陳定南七歲會幫從事縫紉的小姑媽維修縫紉機，小姑媽結婚，定南用「躲起來」的方式，表達他不捨的情感。中學時，住大姑媽家，竟頭頭是道地和大姑媽討論起烹飪來，還寫食譜給大姑媽參考。高中畢業，在老家田邊，用小石頭砌成臺灣地形，在「臺灣」裡墾地種花，於花圃前朗詩高歌，爬到屋頂拍照，夜晚到了，再把這和煦的畫面寫畫入日記裡。

基金會董事長林光義老師常說陳定南的事三天三夜也說不完。讀者若來紀念館參訪，導覽員定會神氣地告訴你：這是陳定南讀大學時，同學一起出遊，陳定南親筆寫康樂活動的歌詞和歌譜、那是在臺大私下被法學院學生稱為「院長」的功績、看這張照片，結婚時，請父親當伴郎、哈！大家知道嗎，陳定南經商時，曾經隻身到英國打官司，「贏著回來」呦！想想，當年偏鄉的一位年輕縣長，裁撤行政機關人二室及校園安維祕書、免除電影院播放國歌影片、辦公與會議場所，不必懸掛卸任元首肖像、不必每天舉行升降旗典禮，這須何等的氣魄與膽識，在那樣的年代裡、如若不是「陳定南」這樣的人，所具備的睿亮遠見及富貴不移的堅持，從縣長到立委，反六輕社會環保意識運動，對抗排山而來的所有官商權勢，領導一場與日月同輝的光榮戰役，啟發眾志，保住青天、立法委員時期的專業問政，為國會殿堂樹立標竿與驕傲、省長選舉，喚醒臺灣人的自我思潮、國家的法務部長，留下清名與不可動搖的地位！

政治，給一般人的想像是嚴肅的領域。從政之人，亦是。尤其所謂：六親不認，堅苦卓絕的陳定南！

陳定南說：「有人說我是政治潔癖，其實我只是拒絕同流合污。有人說我是酷吏，其實我只是面對特權，不卑不亢。有人造謠說我反商，其實我只是依法行事；堅持要為後代子孫留下一片淨土。我是以『高品質的政治』作為創造人民幸福的指南。」

我們今日如何解讀陳定南，如何客觀的認識陳定南，如何懂陳定南，讓這件事有著意義。

二〇〇五年陳定南在宜蘭縣長選舉敗選的第二天一早，很慎重的交待工作人員仍需將其手撰的五本小冊子繼續寄給年輕人；並要求工作人員務必完整地把全部的競選資料檔案帳目物品等整理完全，脈絡清楚。他還進辦公室親力親為，指導工作人員如何將物品歸類建檔，還記得陳定南告訴本人如何將電話機清潔，貼標，記錄，保存，那是品質很良好的話機，很先進的那種。陳定南很珍惜他的一切，如同他很愛惜他的好名聲，疼愛小孩，呵護妻子，尊重女性、體恤弱勢、民胞物與、愛鄉愛土。

「只有在心靈深處有了一湖盈滿的泉水，人生的趣味才能自然的流露出來。」詩人李敏勇說：比起清廉，那是因為戒嚴長期化的黨國腐敗，才使政治人物的應該成為特殊優質。比起耿直，那是個性，具有相對視野。然而，陳定南是有意思的人，我更欣賞陳定南的文化意味。

是，這才是陳定南的永恆價值。「人類的辛苦不只為了改造這個物理世界，更重要的理應是為了建造一個個優美崇高的精神世界。」

在陳定南離開的十幾年後，本書以簡潔，純白，質樸來書寫陳定南。平鋪直述，娓娓道來，是可貴的安排。陳定南無論在哪個階段，都是經典。孩提，學生，經商，政治路，辭世，到現在沒有陳定南的日子；二〇一七年網友在PTT上詢問大家「最希望哪個名人復活？」結果陳定南奪下第一名。「當我們聆聽著刻骨銘心的音樂時，我們不只是迷醉在聲浪的節奏裡，我們同時也將靈魂供托出來，交付琢磨，接受沖激，聽由烤煉。」在史冊裡，陳定南就是將靈魂奉獻出來，交付琢磨，接受沖激，聽由烤煉的人。

陳定南的妹妹說，二哥離世後，他的花園裡錦簇的四季花卉，一夜之間謝落。猶如泰戈爾的詩句：I feel the ferry of my songs at the day’s end will bring me across to other shore from where I shall see. 我知道，到日子的末了，我的歌將載我到彼岸，從那兒我將有所見。

目錄

01 少年陳定南

陳定南的成長原鄉

三星鄉位於蘭陽平原的地理中心，同時也是最晚開發的平地鄉。蘭陽溪從中央山脈與雪山山脈之間切割而下，在此沖積流竄。先民在充滿礫石的河床開發出這一片耕地，那個與自然抗衡艱難的年代，是離我們不遠的故事。

一九五一年，宜蘭縣第一屆縣長民選，本鄉大洲村民陳旺全以無黨籍人士對上國民黨提名的頭城世族盧纘祥。結果領先對手，一戰成名，卻被國民黨巧辯得票未超過選舉人數的半數而重選，在形同被軟禁下，陳旺全最後無奈含恨落敗。（註一）

陳旺全舊宅就在大洲國小後方不到五十公尺處。那一年，陳定南就讀大洲國小一年級。

一九四三年，陳定南出生於宜蘭縣三星鄉大洲村。其家族自移墾以來世代務農，父親陳澄奎行事低調，認真、敬業。小時候，陳定南和父親感情特別好，總習慣摟著父親的脖子、拉其耳垂才能入睡，而父親更因此被拉傷數次，父子親情由此可見。由於生長在傳統農家，農人淳樸、踏實的特質早已潛移默化伴隨陳定南一生，更因深受父親的影響，養成他凡事嚴謹、至死方休的性格。

陳定南的童年曾經有一段短暫而幸福的歲月。然而這份幸福卻不長久，七歲

小時候，陳定南的祖父陳阿爐要他爬到一棵小樹上，遠眺蘭陽平原四周並告訴他：「你看到的土地，以前都是我們家的。」圖左：祖父陳阿爐。圖右：祖母陳阿惜。

時祖父病逝，三年後祖母、母親也在幾天內相繼去世。這不僅令年幼的陳定南遭遇喪親之痛，更造成陳家經濟上的困境。

陳定南的父親為償清債務，除了經營農作，更陸續從事多份工作，包括泥水工和肉販等，為了負擔家計勞心勞力，積久成疾，慢性支氣管炎日益加重，徹夜不停的咳嗽聲緊揪著陳定南的心，擔憂父親的健康成了陳定南年幼時期心中的夢魘。

陳定南母親出身富家，身體孱弱多病，記憶中的母親「總是不停地在吃藥」。雖然早逝，母子倆感情仍舊深厚。陳定南剛上小學一年級，便在學期考試中得到第一名，母親滿心驕傲地向鄰人提起兒子的優異表現。

陳定南九歲那年，一度染上瘧疾，幾乎喪命，心焦如焚的母親在深夜背著他趕路就醫。童年的母子情深如此短暫卻深刻。在他大一所寫的文章〈憶〉中，寫及母親逝世時，他的看似無動於衷，實是「眼淚是乾枯了」，心中悲傷難以表達。因此就算母子在人世間相聚的時間非常短暫，對母親深深的懷念依然伴隨他一生。

母親過世之後，與陳定南一家同住、尚未出嫁的小姑媽便扛起照顧四兄妹的責任。照顧孩子、打理家事，同時還要外出工作，小姑媽卻樣樣都不馬虎。

「不必留財產給孩子，但要教好。」這是小姑媽的教育原則。對陳定南四個

陳定南幼年聰慧，是班上的「萬年比賽代表」，作文比賽、注音比賽、書法比賽，不管那種比賽老師都指定他參加。（中排右一為陳定南）

兄妹的管教十分嚴格，在諸多生活瑣事上都有一定的堅持。她要求孩子們，自己的東西要自己收拾，陳定南因而養成保持整潔的習慣並維持了一生。小姑媽說：「定南小時候東西都收得整整齊齊的，如果有人動他的東西，他馬上知道。」朋友李界木也對他出國行囊的整齊排放印象深刻：「很少有男人是這樣的。」

對陳定南而言，小姑媽就像他的「第三位媽媽」，不僅有如母親般照料他們的生活，其行事風格和處事態度更深深影響了陳定南，可以說是情同母子。小姑媽對他的影響如此之深，陳定南對小姑媽也特別有一份深厚的感情，當年小姑媽要出嫁時，他甚至難過得拒絕參加婚禮。

而對於陳定南，小姑媽也一直是牽腸掛肚。她對陳定南從事政治一直不太贊成，但知道陳定南志向堅定，她仍舊全力支持。陳定南婚後定居臺北，老人家的抱怨中實是帶著想念和不捨：「他結婚後，在臺北有了自己的家，回宜蘭的時間自然減少，就比較見不到面啦！」

宜蘭的天候向來潮濕多雨，如今看來優美的「雨的故鄉」，在早期「靠天吃飯」的農業社會卻是難以克服的困境，近年來宜蘭雨量漸減，加上社會變遷，交通發達、生活便利，今人難以體會當年辛苦。

五十多年前，從大洲到羅東之間必須經過歪仔歪橋，橋為木造，而且必須先

陳定南自小雞婆又早熟，身為班長經常糾正同學的上下學路隊秩序或吃飯時的姿勢禮儀。
左圖為寄居大姑媽家時與鄰居小孩合影，後排右一抱小孩者即為陳定南。
右圖為陳定南親戚，於老家花園前合影，此花園為陳定南親手闢建。

步行通過一段河床才能上橋，大雨來時便因河水暴漲而交通中斷。陳定南小學畢業後考取宜蘭中學初中部，從家中到學校需分兩段通車，先從大洲至羅東再轉宜蘭，路途遙遠，更屢次因天氣惡劣、交通不便被迫缺課，極為辛苦。有一天，颱風帶來的大雨沖毀往來的歪仔歪橋，當時陳定南坐困公路局羅東站，苦無去處的他只好前往羅東的大姑媽家借宿，大姑媽心疼陳定南通車上學的辛苦，慷慨將他留下，結果這麼一住就住了六年，直至高中畢業。

大姑媽的家境是相對寬裕的，她對陳定南也視如己出。陳定南整個青少年時期可說是在此度過，實際來說，除了不需再忍受往來的奔波涉水，在生活上也更為安適，另一方面，也得到大姑媽的照顧和滿滿的關愛。大姑媽家彷彿成了他生命中的第二個家。在往後的許多日子裡，陳定南也經常「返家」探望大姑媽，甚至過農曆年的時候，回家吃完年夜飯，還要再趕至羅東與大姑媽團聚。

這就是陳定南的家庭以及他「三個媽媽」的故事。雖然童年經歷喪親之痛，但也因此擁有了不同的經歷、更多的愛。這或許是上天給他的考驗，同時卻也是一種特別的眷顧！

母親過世後，尚未出嫁的小姑媽便扛起照顧四兄妹的責任，儼然成為陳定南四兄妹的保姆。
陳定南與大姑媽（右一）及表姊妹合影。

宜蘭中學初三孝班畢業照。前起第二排右七即陳定南，剛好站在校長魏景嶷的後面。

宜蘭中學高三愛班畢業照。前起第二排右七即陳定南。

臺灣省立宜蘭中學

獎狀

宜字第046號

學生陳定南於四十六
學年度第一學期在
本校初中部二年級
修業期滿品學兼優
殊堪嘉許特給獎狀
以資鼓勵此狀

校長

中華民國 年 月 日

獎狀

宜訓字第 號

學生陳定南於四十九
學年度第二學期在
本校高中部二年級
修業期滿當選模範生
殊堪嘉許特給獎狀
以資鼓勵此狀

臺灣省立宜蘭中學 校長

中華民國四十 年 月 日

省立宜蘭中學在六〇年代、七〇年代被稱為全臺十大名校之一，是宜蘭縣年輕學子夢想中的最高學府。一九五六年陳定南以第一名畢業於大洲國小，並以極優異成績考上省立宜中初中部，而應屆畢業八十九人中，僅二人考上該校。一九五九年，陳定南免試直升高中部，創下大洲子弟首度保送省立宜中高中部的紀錄。
上圖為一九五七年就讀宜中初中部二年級成績優異的獎狀，
下圖為一九六〇年就讀宜中高二時當選模範生的獎狀。

庄腳囝仔的求學歷程

一九五九年，陳定南因為成績優異，得以從宜蘭中學初中部免試直升高中部。事實上，陳定南小時候也曾是不愛上學的頑皮男孩，每到早上該出門的時候卻耍賴不去，甚至大吵大鬧，還得由祖父拿竹枝子「趕鴨群」才肯就範。不過，要真正談到課業，陳定南卻是絲毫不馬虎的，不但小學六年拿過無數次「第一名」，持續連任班長，初中考上宜中、直升高中部，後來更考取臺大法律系，可見陳定南的讀書天分。相較於家庭的曲折變故，他的求學之路可說是順利的。

不過，陳定南的求學過程並不只有課業上的充實。從中學到大學這段年輕歲月中，除了教科書所教的以外，他也不斷接觸許多不同領域的知識，培養廣泛興趣。例如運動、閱讀小說、看電影、聽音樂等等。而且只要喜歡上了，他一定全力投入。

陳定南身邊的朋友都知道，他凡事都有做筆記的習慣。這種追根究柢、鉅細靡遺的習性不只展現在工作上，連休閒愛好也是一樣。例如念大學時，他迷上古典音樂，除了聆聽許多作品外，還找相關書籍來研讀，甚至做了詳細的筆記以及作曲家年表。而自己研究出一番心得後，更喜歡與別人分享。常常是談得

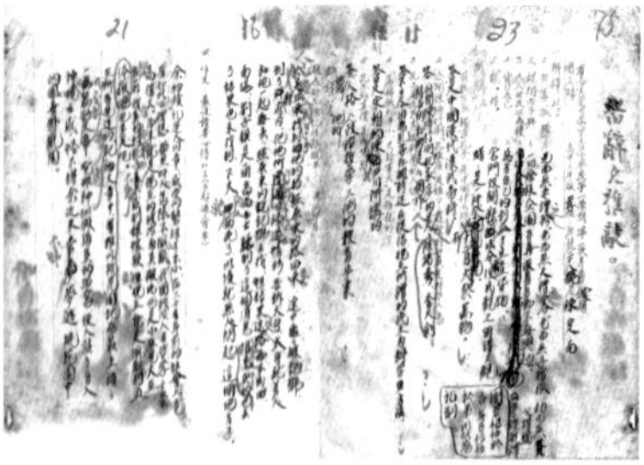

陳定南自學生時期就養成珍惜資料的習慣，這是他保存超過四十年的高中月考國文科試卷。試卷以毛筆作答，老師以硃筆批閱、打分數，並批示評語。

意氣風發、滔滔不絕。

陳定南極熱愛電影，因為愛看電影，也愛和人談論電影，電影似乎成為形塑他理想的力量之一。在初中時，他看了大量的日本武俠片，對這些講述正邪對立的故事相當著迷，並深嚮往之。或許正是這種薰陶，令他養成嫉惡如仇的性格。對於一個原本就生性正直、是非分明的陳定南，這些英雄故事無疑是更加強力鼓舞。劇中男主角勇敢、正直的性格，身懷絕技，到處行俠仗義而不慕名利，反派角色則作惡多端，用盡一切心機害人利己。故事最後，壞人會被好人打敗，所謂邪不勝正，結局圓滿。情節雖然老套，但其中的俠客精神依然影響了陳定南，從中學時期便深植於心中。甚至在學校模仿片中人物的動作，引來旁人側目也不以為意，這也正是陳定南真性情的寫照。他一生嫉惡如仇、關懷弱勢、挑戰權威、永不妥協的硬漢作風，足可謂現代版俠客。

躊躇滿志的青春

當年宜中只有五人考上臺大，陳定南便是其中一位，這種成績非但難能可貴，更是人人稱羨。放榜當天卻遇颱風來襲，家中遭到嚴重波及，原本生活已陷入困境的陳家在一片愁雲慘霧中，毫無歡欣慶祝的氣氛，父親甚至打算不讓

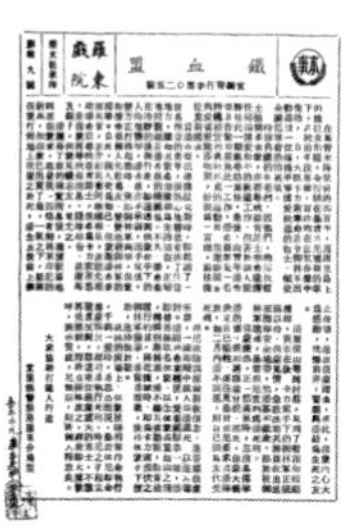

看電影是陳定南很重要的休閒生活，圖左是羅東戲院影報、圖右是電影票根。

1

1. 一生嚴謹的陳定南，也會有年少輕狂、倜儻不羈的歷史照片。這張照片據推測，可能是陳定南高中時期參加學校康樂活動演戲的照片。猜猜看，哪一個是陳定南？答案是：戴大盤帽嘴裡叼著煙的那一個（左三）。
2. 凡做過必留下完整紀錄。高中畢業那年暑假，難得閒暇，陳定南著手整理住家屋邊空地，種下自己喜歡的草木。
3. 陳定南就讀臺大時，戶外活動的照片。讀萬卷書，行千里路，展現很大的行動力。
4. 大二暑假與同學相約出遊，在高雄旗津戲水。打赤膊的陳定南，站在最右邊，露出健美的肌肉與強壯的體魄。

2

3

4

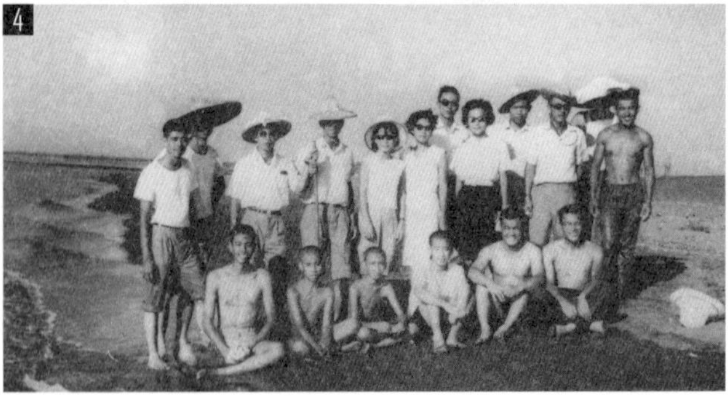

陳定南（右）在迎新化妝晚會中，打扮成勞倫斯。當時電影《阿拉伯的勞倫斯》在臺北剛上映不久，片中協助阿拉伯抵禦外侮的英國軍官勞倫斯，便成為他化妝模仿的對象。

大學時期的陳定南翩翩舞姿。

陳定南「舞林」紳士照。

他去念大學。幸好大姑媽極力堅持，陳定南才如願以償踏上大學之路。

不過，陳定南之所以會選擇臺大法律系，說來也是受到電影的「感召」。

因為他性格開朗，各方面都感興趣。不但喜愛文科、也好理科，似乎對他而言，在「學習」這件事上是沒有所謂「無聊」的。首先遇到的第一個抉擇，是高一升高二時的分組，他幾乎對每一科都有興趣，難以決定要選甲、乙、丙、丁四組中哪一組，由於興趣廣泛，最後他選擇人文寬廣的乙組，接著又面臨第二個選擇的考驗；應該選擇什麼科系作為第一志願呢？畢竟，這與將來人生的方向有著極大的關聯，要選出一件「最想做的事」，實在令他困擾不已。終於，在高三的某一天，他看了電影《紐倫堡大審判》，劇中法官的氣魄和正義精神，深深觸動潛藏在陳定南靈魂深處的「俠骨」。

片中講述第二次世界大戰結束後，納粹官員接受審判的過程。受審官員表示，自己所做的種種惡行都是服從上級命令的結果，並非出於自己的意志。面對如此供詞，主審法官面臨判準的考驗；「合理」與「正義」之間的拉扯成為全劇最引人入勝的地方。這部電影勾起陳定南心中熾熱的理想，彷彿展開了凌雲壯志一般，他決定投入法律的世界，第一志願便選填了臺大法律系。

當年與陳定南同時考進臺大法律系的一群同學，可說是人才濟濟。不少人成為日後法政界的知名人士；如姚嘉文、黃清江、邱錦源、李勝隆、曾勇夫等人。

除此之外，活躍於黨外運動的許多人物也都來自臺大法律系。例如林義雄、呂秀蓮、蘇貞昌就分別是陳定南的學長和學弟妹。

初到臺北求學，來自「邊陲地帶」的陳定南與周遭顯得格格不入，講臺語時有著濃重的宜蘭口音，「吃飯配滷蛋」這句話便經常成為笑柄。因為出身鄉下農家，陳定南在都市人中自然顯得生澀、土氣甚至有些笨拙。被同學戲稱為「邊疆民族」的陳定南，當時便在心中暗暗告訴自己，一定要在新環境力爭上游，不讓別人因為出身背景將他看扁。下定了決心，為了讓人刮目相看，陳定南便不斷努力達成目標。

果然沒有辜負自己的承諾，在臺大度過四年精采豐富的時光。除了在課業上有不錯的表現，社團活動更是他大學生涯的重頭戲。大一參加過口琴社、健言社，大三時，被推選為臺大法學院學生代表會主席兼學生活動中心總幹事，備受矚目，一時成為校園裡的風雲人物。

臺大的宜蘭人並不多，在這「少數族群」中又以宜中畢業者占多數，因此凝聚力相當強，經常來往，而且就算彼此不熟，在不言之中也似乎有種共同的鄉土認同感。來自宜蘭的孩子身處大城市中的氣質顯得不同，說穿了就是一種敦厚、老實的性格，陳定南自己也笑稱，這種在都市人眼中看起來的「憨態」，就是宜中人的「註冊商標」。大二時陳定南擔任臺大宜蘭縣同學會總幹事，舉

升大三時參加救國團的「歲寒三友」活動。與幾位志同道合的同學合影，前排右四為陳定南。

辦迎新、聯誼等活動，也因此結識了大他兩屆的同鄉學長林義雄。

擔任學生會代表任內，陳定南展現了他堅強的意志和優秀的領導能力。不過，除了這些「基本能力」以外，他更擁有進步而獨立的思考，這種思考在他對體制的挑戰上清楚地展現出來。他帶領同學爭取學生權益，法代會財源的開闢才得以轟轟烈烈地展開行動。

當時因為缺乏收入來源，學生社團舉辦活動經常入不敷出，為了得到更充裕的經費，陳定南提出由學生接管學生活動中心的設施如販賣部、球檯等管理的訴求，召開學生代表會議，並連署向校方陳情。在他的筆記本上還有他寫下的關於口號標語的草稿：「同學們，我們已向院長陳情，一、活動中心應為同學所有、同學所治、同學所享，二、此種所有權、管理權及受益權，不容被剝削，請支持我們。」最終陳情成功，學生社團也如願增加了每月數千元的收益。

陳定南擔任臺大法學院學生代表會主席。

頭角崢嶸的法學院「院長」

另一則是法學院圖書館事件，這讓他與校方的衝突更為激烈。法學院的圖書館原本是開架式的閱讀空間，可讓學生自由取閱。但校方卻突然改為封閉式，並未說明任何原因，學生深感不便。

為此，陳定南帶頭寫大字報抗議，發動連署向校方表達不滿。在一連串的抗爭行動之下，校方只好收回成命，這不得不歸功於陳定南。若不是他的挺身而出，在那個國民黨專政的時代，或許那些以往被占了便宜卻只能默不作聲的學生們，即使感到不滿也不會有如此激烈的行動，領導者的堅決和魄力足以影響整個團體。陳定南因為領導學生爭取權益，得到眾人的矚目，甚至私下被法學院學生稱為「院長」。

這些作為，與其說是陳定南「叛逆」精神的表現，倒不如說，只要是他認為正確的事，便不畏現實和人為因素而去勇敢地爭取。陳定南所做的事，可貴之處並不在於「反對」，而在「堅持」，這種堅持從學生時代開始便是如此。

註一：一九五一年四月八日，宜蘭縣第一屆縣長選舉投票，公民數十一萬八千四百九十四人，投票數九萬七千六百八十二人，投票率百分之八十二，有效票九萬三千四百四十三票，廢票四千二百三十九票，陳旺全得票數四萬八千三百二十四票，盧纘祥得票數四萬五千一百一十九票。國民黨以兩人皆未過半為無效，於四月廿二日再度投票，盧纘祥得票數為六萬六千六百九十八票。

02 邁向中小企業家

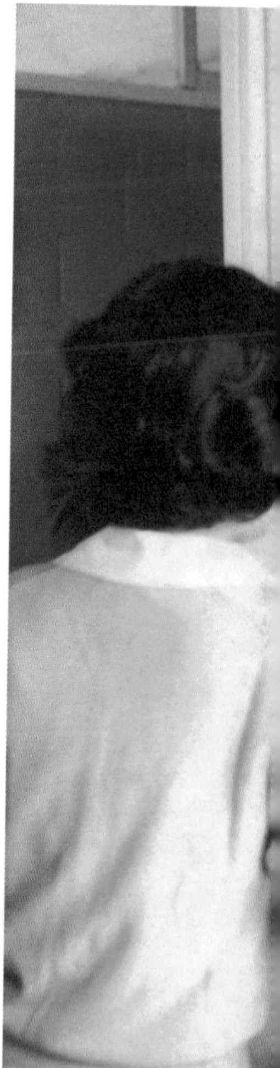

棄法從商

從陳定南如此躊躇滿志、活躍表現，各方面的成績又都相當亮眼來看，法律之路對他而言應該是光明可期的，而他自己也充滿自信，畢業後能考取司法官或律師，成為一個伸張正義的執法之士。然而，年少時被電影所激發的理想卻在逐漸步入現實世界後瓦解了。

當時臺灣的政治是黨政一體的，包括軍事、司法及各公家機關幾乎都由國民黨所掌控。在一些單位，甚至有加入國民黨才有機會擔任特定職務的不成文規定。陳定南畢業後，從一些昔日同窗、前輩口中聽聞司法界種種不為外人所知的黑暗面，驚異不已，也感到灰心、失望。原來心目中的「法律人」在現實世界中，竟然只能在體制中腐化或屈就現實，他了解到，透過法律去實現理想，是不可能的了。

陳定南尤其厭惡國民黨以各種手段箝制人民思想的作法。大三暑假，他前往成功嶺受訓，報到不久便被部隊輔導長約談，說服他加入國民黨。很有自己想法和原則的陳定南自然不願意，更重要的是，他當時還想成為律師或法官，這些工作都不應該有任何黨派立場。當他婉拒後，該名輔導長竟拿出陳定南以前的紀錄來威脅。這種不問是非、不顧他人自由意志的腐敗作風，令他對國民黨產生了更差的印象。

由於得知許多司法界的黑暗內幕，陳定南對法律的嚮往逐漸被澆熄，最後終於決定棄法從商。這可以說是他認清現實之後最實際的選擇，儘管放棄成為司法界的一員，他並沒有因為踏入商場，就將在法律系學到的觀念和思考拋棄。「法律」在他心中的意義仍然是正義、崇高的。

陳定南踏出社會，第一份工作是廣告業務員，相當出人意料。現在看起來，陳定南不但很能接納新的事物，也相當勇於嘗試。

退伍後，陳定南進入東方廣告公司上班，一開始擔任基層業務員，工作、思考能力都得到相當的肯定。然而他得經常跟著主管到處應酬，甚至出入酒店、舞廳，令剛直、淳厚的陳定南感到難以適應，逐漸萌生退意。一年三個月後，便辭職了。

辭職後，陳定南報名臺大電機研究所附設的研習班，學了四個月的程式設計。之後，他得到另一家廣告公司的面試機會。這家公司是台塑旗下新成立的「首席設計傳播公司」。面試時，被問及理想待遇，陳定南相當自信地要求五千元的薪資。當面試主管露出遲疑的表情時，陳定南說，這個數字「絕對值得」。篤定和自信終於打動了面試主管，讓他順利得到「首席」企劃課課長的職位。

陳定南與東方廣告公司總經理
溫林翠晶（左）合影

工作上，陳定南相當自負，但絕不剛愎自用。他的自負，來自全力以赴、負責精進的態度。陳定南表現優異，很快就升至管理課長。

不幸的是兩年多以後，由於內部與公關部門的角力鬥爭，「首席」宣布結束營運，成為台塑旗下的短命公司。但塞翁失馬，焉知非福，他反而被引薦到南亞塑膠，真正進入台塑集團的核心單位。

往後數年，陳定南在南亞塑膠的工作中得到寶貴的「台塑經驗」。陳定南原本希望往國外部門發展，國外部門競爭激烈、工作難度更高，但他對外貿有極高的興趣，也富於挑戰精神。無奈國外部的職位太搶手，他始終沒有調職的機會。

台塑公司規模龐大，周密而有效率的管理機制令陳定南大開眼界。他們重視成本觀念、效益評估、追求效率。另外如追蹤考核、績效獎金等制度，在當時都是非常先進的企管方法。而企業內部嚴格訓練人員，提升素質的辦法，也讓陳定南得到很大的啟發。台塑集團不但每年派遣許多員工出國進修，各部門更隨時辦理在職訓練，這種「把人訓練好才能提升生產效益」的概念，對陳定南的行事態度、方式都有相當的影響。日後，不管在宜蘭縣長還是法務部長任內，他都十分注重人才的培訓。

工作一段時間之後，陳定南想從事外貿的企圖心日益強烈，一年多後終於向

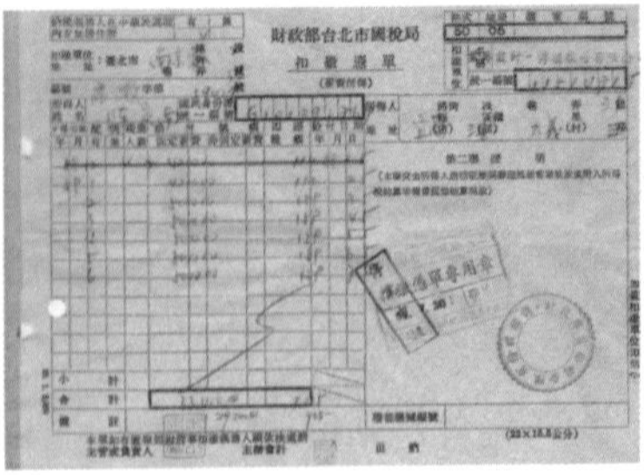

一九七〇年，陳定南任職台塑集團首席設計傳播公司時的綜合所得税扣繳憑單。當時中小學教師薪水每月不到一千元。

南亞公司提出辭職。在台塑服務期間，由於職位不夠高，陳定南並沒有機會接觸到王永慶，只曾在一些公開場合見過，王永慶也不認識他。在陳定南的印象中，王永慶是一個「很神氣、光采」的人，僅此而已。然而命運的安排總是難以逆料，多年以後，當上宜蘭縣長的陳定南為六輕和老頭家電視交鋒，更令大老闆王永慶感慨萬千吧？

白手創業

一九七一年，在友人的介紹下，陳定南加入亞中鞋業，擔任業務經理。亞中的總公司在臺北，工廠則在嘉義。陳定南先專程去嘉義民雄的工廠住了一星期，詳細觀察加工、出貨的每個作業過程，甚至原料供應的狀況也不掉以輕心，等掌握了鞋業的概況之後，才決心投入。

公司高層對陳定南相當重視，認為他是個值得栽培的人，不久便指派他隨外貿協會赴歐訪問見習。一九七二年夏天，陳定南隨團前往歐洲，展開為期兩個月的訪問，停留法國、德國、荷蘭、丹麥等十個國家。團隊解散後，他又獨自前往北美參觀，最後繞道日本，返回臺灣，前後共計八十一天。此次旅程不但開拓了他的視野，也激發許多想法，而這段經歷便是日後陳定南津津樂道的

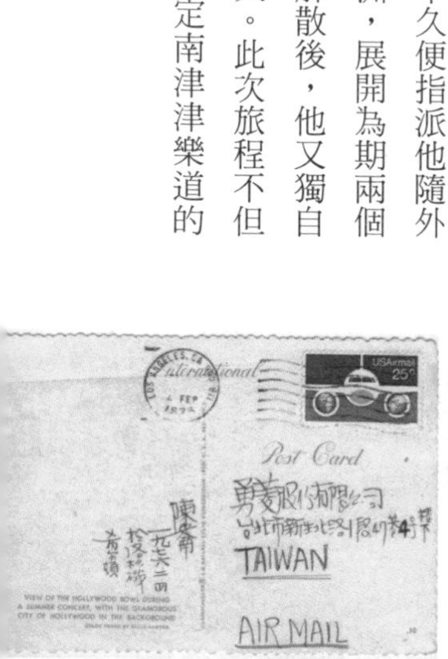

陳定南進入鞋業五、六年即成為業界佼佼者，並率領鞋業代表出國考察，明信片一直是他熱衷典藏的紀念品。

一九七一年，陳定南擔任亞中鞋業公司業務經理，公司指派他隨外貿協會赴歐訪問見習。一九七二年夏天，陳定南隨團前往歐洲，展開為期兩個月的訪問，停留法國、德國、荷蘭、丹麥等十個國家。團隊解散後又自掏腰包，獨自前往北美參觀，最後繞道日本返回臺灣，前後共計八十一天。此次旅程走訪歐美各國，開拓了他的視野，也激發許多想法。這段經歷便是日後陳定南津津樂道的「環遊世界八十天」。

經濟日報

開拓產品銷歐洲

塑膠橡膠業赴歐貿易團昨啟程

【本報訊】中華民國塑膠及橡膠業赴歐洲貿易訪問團一行十人，昨（一）日下午一時十分搭乘泰航班機啟程，取道香港轉往歐洲訪問二個月。

訪問團共計十一人，由嘉儀企業公司經理黃文聰擔任團長，團員有：亞中塑膠工業公司業務經理陳定南、華源塑膠工業公司業務員蘇開盛、國鼎塑膠公司協理蔡寬民、大發橡膠塑膠公司外銷經理陳萬河、華盛橡膠廠廠長李明昌，連發橡膠工業公司業務經理夏天儀、大洋實業公司董事長楊皆得、中原電機工業公司經理王再則、貿協專員唐開品。另有副團長台灣岩立公司總經理林政介，因事未克隨團成行，定今天單獨啟程。

該團預定在歐洲訪問二個月，於六月底返國。他們將藉此次訪問，加強與歐洲各國的貿易關係，及開拓國產塑膠及橡膠品歐洲市場。

訪問團取道香港，經由曼谷，即轉往雅典、羅馬、米蘭、維也納、蘇黎世、日內瓦等地訪問。然後再赴巴黎、倫敦、阿姆斯特丹、普魯塞爾、法蘭克福、漢塑、斯德哥爾摩、哥頓堡、哥本哈根等地訪問。

【1972-05-02/經濟日報/01版/】

我兩貿易團體 分在美英訪問

【中央社紐約十二日專電】來自中華民國的製鞋業九人代表團，刻正在紐約推廣其產品在美國的銷路。

由台北勇菱公司董事長陳定南率領的代表團，曾參加二月八日到十日在紐約體育館舉辦的全美鞋類交易會。

這次交易會，由代表鞋類製造業的三家美國貿易機構聯合主辦。

【中央社倫敦十二日專電】由廿人組成的中華民國體育用品貿易團昨晚抵此，推銷國產體育用品。

該團由美國抵此，他們曾訪問芝加哥及紐約。在此停留期間，他們將會晤本地若干體育用品商人，本週六前往歐陸國家訪問。他們將參加本月內舉行的慕尼黑體育用品展覽。

【1976-02-14/經濟日報/03版/】

上圖：一九七二年五月二日的《經濟日報》報導「塑膠橡膠業赴歐貿易團」啟程的消息，陳定南也是貿易團成員。

下圖：一九七六年二月十四日《經濟日報》報導陳定南率領貿易團到美國參加「全美鞋類交易會」。

「環遊世界八十天」。

後來，亞中鞋業將總公司遷至嘉義，陳定南也隨公司搬到嘉義居住。對於都市生活毫不留戀，把工作擺在第一優先，令公司高層對他另眼相看，總經理不在的時候，經常由陳定南代理他的職務。他那一絲不苟的性格，也慢慢鮮明起來；身為業務經理，他訂立了嚴格的品管要求，曾經幾度把自家工廠生產、品質不合標準的產品，全部退回重做。原來在宜蘭縣長任內，讓許多人又愛又恨「打掉重做」的品質要求，早就有跡可循了。

一九七四年，雖然亞中公司的待遇、環境，甚至工作成績，都令他相當滿意，但陳定南卻逐漸對工作感到倦怠，身心難以為繼，而萌生辭意。公司極力挽留陳定南這樣不可多得的人才，也因一時找不到替代人選，他又忍耐了半年多，但實在身心疲乏，最後在還未另謀出路的情況下，離開亞中鞋業。

沉澱一段時間之後，陳定南便開始了獨自創業之路。

一九七四年底，陳定南回臺北自創勇菱鞋業公司。由於沒有足夠資金，創業的本錢還是由父親在老家標會而來。一開始公司的規模非常小，職員才兩三人。辛苦營運了一年多，投入的資金才逐漸回收。

「當時太樂觀，不知天高地厚」，後來陳定南回憶起這段歷程時，這麼形容。或許對昔日的自己感到不可思議，同時又帶點欣慰和驕傲；他分析，當時的景氣並不好，自己敢如此孤注一擲，完全是憑著一股初生之犢不畏虎的衝勁，加上運氣不錯，苦撐過來，做出不錯的成績。可見陳定南的體內，確實流著冒險、開拓的血液。

陳定南經營公司的方式，非常龜毛。他要求「品質至上」，所謂「品質」涵蓋了所有最小的細節，任何小地方都不能輕忽。例如公司所用的信紙，也由他親自挑選、檢視過，許多國外公司看到他們連信紙都如此講究，便留下很好的印象，加深了合作的意願。

陳定南將「台塑經驗」充分發揮，運用之前學到的企管模式，使得公司年營業額十分亮麗，曾經高達五百萬美金。陳定南個人的資產就在這時候慢慢累積起來。從一九七六年起經濟狀況好轉，小有積蓄、也投資股市，到後來在天母買下一幢占地一百四十多坪的洋房。前後總共十四年的工商界經歷，陳定南待過廣告公司、製造業、外銷鞋業、外貿公司等，一步一腳印，踏踏實實，算得上是一位成功的中小企業家。白手起家、創業有成的經驗，讓他更有信心面對其他事務，包括後來的政治生涯。

到了一九八一年，陳定南當選宜蘭縣縣長之後，便宣布結束這家他付出最多心血的公司，這段經驗也從此跟隨著他，成就了一位與眾不同的縣長。

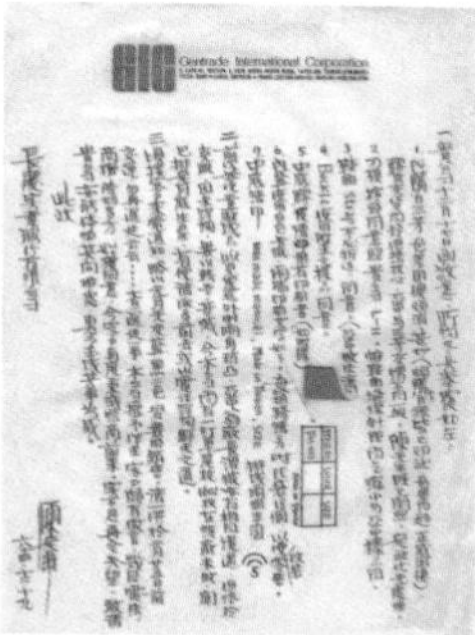
Genetrade International Corporation

陳定南與廠商來往的書信，嚴謹交代鞋樣之規格等，從政前年營業額即達美金五百萬元（約臺幣二億元），堪稱成功的中小企業家。公司的信紙及 LOGO 都是陳定南親自設計。

感情的歸宿

一九七八年，陳定南與張昭義結婚。這是一段開始於總經理辦公室的戀情。張昭義畢業於中央大學外文系，原本在桃園振聲中學教書，因為打算出國留學，便來到臺北準備托福考試，順便找份工作賺外快，碰巧陳定南的公司正在徵英文祕書，她前來應徵並且被錄用了，兩人因而結識。原是工作場合上司與下屬的關係，卻近水樓臺、日久生情。

其實一開始，張昭義對陳定南並沒有太大的好感。「說實在，當初對他的印象不是很好，人雖然帥帥的，但脾氣卻臭臭的，凡事挑剔，我幾乎受不了！」張昭義如此回憶。身為陳定南的祕書，必須適應他那一絲不苟的龜毛性格，小自貼郵票、大至文件的紙質、格式，無一不要求，而且一點妥協的空間也沒有，做不好就只有重來。在這樣的工作氣氛下，當然難以對陳定南產生戀愛的感覺。不過，有如命運的安排，或者說是惡作劇一般，兩人漸漸了解對方，張昭義被陳定南的特質吸引，萌生愛苗，成了攜手一生的緣分。「想不到後來居然會和這個龜毛的人來電了！」這或許是張昭義始料未及的，她表示：「定南有鄉下孩子的率真和敦厚，表現出的真性情自有迷人之處。」

對他們相識的經過，陳定南最常說的一句玩笑話是：「夥計變老闆娘，誤上賊船。」這麼說並無不可，不過，誤上賊船卻能同船一輩子，就絕非偶然了。其實陳定南和張昭義的個性頗為相似，兩人都是外冷內熱，內向卻熱情、文靜卻好強的人。也同樣都喜歡看電影、閱讀等休閒活動。雖然交往期間沒有太浪漫的情節，但是個性契合，相處得來，更有細水長流的幸福。以陳定南實際、真誠的性格來看，要為了世俗的浪漫耍花招當然是不可能的，對此張昭義還是忍不住要俏皮地埋怨一下：「從相識到今天，他連一朵玫瑰花都沒送過我。」雖然少女浪漫的夢幻沒有實現，張昭義卻得到相伴一生的深情。

這一路走來，當中許多辛苦是外人難以想像的。從陳定南參選宜蘭縣長、立委、省長，到擔任法務部長，回鍋參選縣長，張昭義都一路陪伴，參與了陳定南整個政治生涯，也為她開啟了不同的人生。為了替陳定南助選，向來溫柔內向的張昭義，不得不上臺致詞，出乎大學同學的意料。競選期間，不常下廚的張昭義也捲起袖子，為競選團隊的工作伙伴煮大鍋飯。身為公眾人物的妻子，需要經常出入公眾活動場合，在眾目睽睽之下說話、走動，這也讓她努力了好一陣子才克服、適應。

若非真心真情，又怎能如此一路相隨呢？

陳定南婚後的家庭生活，也是眾人所好奇的。他在外界眼中極為嚴肅，他如何與家人相處，而家人又如何與他相處呢？張昭義說：「在我們家沒有縣長，

陳定南、張昭義公證結婚，陳定南卅六歲，張昭義廿七歲，由神父福證，結婚喜宴只有家族參加。張昭義信仰天主教，陳定南逢年過節祭拜祖先天地，互相尊重、相容相惜。陳定南回憶道：「在教堂結婚，沒有看日子，那是星期天，好的時段給大家選走了，我們就撿沒人要的下午，我連舅舅都沒通知，就雙方家長參加，同事也沒有一個人知道，也沒請客、也沒訂婚，我還請我爸爸當伴郎，爸爸跟我一起走紅毯，他那時候很高興咧！其實這是一個孝道，以前農村社會，爸爸和兒子常常沒話講，我是用行動表達這種難言之愛。」

只有家長。」陳定南一向把公事留在辦公室，回到家便是父親、丈夫的身分，面對妻子和兒子，總是另一番溫柔、慈藹的面貌，與在外的硬派作風迥然不同。如果有機會對外人提起家居生活，陳定南更是充滿驕傲和滿足。就如葉菊蘭女士在〈定南兄兩三事〉文中提及的：「聊過方才知道定南兄是個最深情的男人，他用生命擁抱摯愛，不需多言。」家庭是他疲憊受挫時最好的避風港，更是他親手建造的城堡，在他心中，牢不可破地鞏固著生命中最溫柔的情感和記憶。

陳定南連任縣長，意氣煥發時的全家福照片。

陳

03 從政之路

迢迢政治路

本來，陳定南對於「政治」並沒有太大興趣，棄法從商之後，更鮮少關注。雖然在大學時代，對公共事務十分熱忱，不但擔任學生代表主導各項活動，更積極為學生爭取權益。陳定南一九六四年當選班代之後，曾在日記中記下：「選戰完畢了，勝利屬於我，想想，這是多麼有趣。」儘管意氣風發，卻無關虛榮和利益；對正直、富正義感和俠義精神的陳定南而言，那是為所當為、伸張正義的快意。他原本對族群、黨派，並不抱任何成見與預設立場，直到親身見識國民黨的專制和腐敗，才對其厭惡。

當年臺大法律系，與陳定南同屆或前後幾屆當中，出了不少日後臺灣重要的政治人物。早在他們涉入政治之前，在純真、理想的學生時代，便互相認識，或不熟識但互知彼此。林義雄便是其中一位，他是陳定南的學長，也是宜蘭同鄉。陳定南當時覺得林義雄是一個值得尊敬的正派人物，印象極好。日後林義雄這群優秀的菁英，為了政治理想受到國民黨的迫害，才讓陳定南驚醒過來，開始關心政治。

嚴格說來，一九七九年底美麗島事件之前，陳定南對政治還有些冷漠。從一九六七年開始，他便投入商場，專注於經營事業，雖然那幾年局勢發生許多重大變化，例如退出聯合國、臺美斷交，對他並沒有造成太大的衝擊。他的生活勤奮、單純，工作之餘就是看電影、聽音樂，只是一個殷實的商人。

直到一九七七年林義雄當選省議員，陳定南的心中才泛起漣漪。那是在前往嘉義出差途中，陳定南透過報紙得知消息。想到這位優秀、宜蘭出身的學長，自己竟無法給予一點支持，他感到有些懊惱。

直到美麗島事件，陳定南才真正受到衝擊。他認識的許多優秀、正直的知識分子遭到逮捕，讓他極為駭異、不解。而幾個月後，林宅滅門血案，更讓他決心義無反顧地投入政治洪流。

一九八〇年二月廿九日，陳定南從報上得知林義雄位於臺北市信義路的住處遭到歹徒入侵，母親和兩個雙胞胎女兒被殺害、大女兒重傷垂危。面對這樣悲慘的消息，陳定南當下難抑悲憤，直奔林義雄家遞上慰問金，只希望能盡一點力量給予幫助。

此時陳定南深深覺得，如果不能為生長的土地貢獻任何力量，賺再多錢也是枉然。《人間》雜誌第四十期專訪中，陳定南說：「我突然領悟到，這個社會公理式微，正義孤單，該是知識分子挺身而出，發揮道德勇氣的時候。」

一九八〇年底，他為參選臺北市國代的周清玉助選，真正走上了政治之路。周清玉是陳定南同班同學姚嘉文的妻子，也是同屆臺大社會系的校友。姚嘉

陳定南（中）競選起步時，到鄉下拜訪，無人聞問的有趣畫面。

我們不贊成

不贊成——縣長收紅包
不贊成——縣長取回扣
不贊成——縣長炒地皮
不贊成——縣長假公濟私
不贊成——污染性工業設廠
不贊成——黨意領導民意
不贊成——黨工人員干涉行政
不贊成——忽視兒童視力
不贊成——忽略農民保險
不贊成——繼續徵收田賦
不贊成——稻穀限量收購
不贊成——大量進口雜糧影響穀價
不贊成——忽視漁民公海作業安全
不贊成——漁港修護費提高千分之十
不贊成——國中導師兼辦收繳註冊費用
不贊成——都市計劃之公共設施用地由少數人負担
不贊成——基層建設經費移作國民黨的政治酬庸
不贊成——預算巧立名目移作他用
不贊成——不尊重計程車司機的人格尊嚴
不贊成——特權份子壟斷蘇澳港碼頭裝卸作業
不贊成——勞工遣散發生糾紛時，不顧勞工的死活

※民主廣場設於羅東 宜蘭 頭城，歡迎參觀指教!!

黨外縣長候選人
③陳定南 鞠躬

年齡 38歲(民國32年生)
籍址 三星鄉大洲村大洲路129號
學歷 三星鄉大洲國民學校(45年畢業)
省立宜蘭中學初級部(48年畢業)
省立宜蘭中學高級部(51年畢業)
國立台灣大學法律系(55年畢業)
國立台灣大學電機研究所電腦程式研習班(58年修業)
經歷 國立台灣大學宜蘭縣同學會總幹事(52—53年)
國立台灣大學法學院學生代表會主席(53—54年)
國立台灣大學法學院學生活動中心總幹事(53—54年)
第15期陸軍預備軍官(55—56年)
東方廣告公司業務員，企劃課長(56—57年)
台塑關係企業總管理處設計中心企劃課長、管理科長(58—59年)
台塑關係企業南亞塑膠公司助理管理師(59—60年)
亞中鞋業公司(鞋類外銷工廠)業務部經理(60—63年)
勇菱股份有限公司(鞋類出口貿易商)總經理(63—69年)
現職 蘭陽民衆法律服務中心創辦人兼主任(69年年底迄今)
服務性質：完全免費的私辦社會服務機構
服務範圍：解答法律問題、代擬合約書狀
服務地址：羅東鎮民權路64號2樓
服務電話：五六六二三三
候教處 羅東鎮天津路58號
電話 五六八九七五～七

敬向蘭陽父老鄉親推荐 陳定 南先生競選第九屆宜蘭縣縣長

敬愛的父老兄弟姊妹們：

感謝您過去對黨外人士的支持和愛護，使我們有勇氣在壓力重重的環境下，繼續為民主自由，為公理正義而奮鬬，我們向您致深深的感謝和敬意。

歷史教訓我們：絕對的權力導致絕對的腐化，只有制衡的力量才能防止政府的腐化，減少決策的錯誤。

在國民黨政府嚴防任何制衡力量產生的情況下，由於你過去明智的抉擇和熱誠的支持，已經培育出黨外這股小小的制衡力量，這力量是剛發芽的民主嫩苗，需要您繼續不斷的珍惜和呵護。

敬愛的父老兄弟姊妹們，您的支持，就是我們的力量。

在中美斷交與不幸的高雄事件以後，為了維護我們祖先披荊斬棘所開闢的美麗鄉土，為了我們子子孫孫的命運，我們一定要像一個主人一樣勇敢地站起來，加緊努力培育出更大的制衡力量，防止國民黨政府做出任何錯誤的決策，以共同開創國家美好遠景。

在今年十一月十四日的選舉，請您再看看您手中那張薄薄的選票。請您記得：那些小小的選票，一張一張加起來，就可以產生巨大的力量，發出巨大的聲音。它們會告訴國民黨政府您真正的希望和抉擇。

陳定南先生，是生於蘭陽，長於蘭陽的農家子弟，秉承蘭陽祖先無畏的傳統精神，立志為民主而獻身，感於他投身黨外，參與民主制衡運動的熱忱和決心，我們謹在此表示黨外的立場和制衡的意願，並向蘭陽父老推荐這位勇敢無畏的蘭陽子弟。尚此

敬祝

安康

推薦人：（按簽名順序）

立法委員 費希平

立法委員 康寧祥

監察委員 尤清

立法委員 張德銘

立法委員 黃天福

國大代表 王兆釧

立法委員 許榮淑

國大代表 周清玉

立法委員 黃煌雄

六十九年國代候選人 高[illegible]

寶馨美彩色印刷有限公司承製
TEL(039)543261

文被捕入獄後，她代夫出征，參選國大代表。當時陳定南對黨外政治運動還非常陌生，也無人脈，卻自告奮勇幫忙助選、募款，籌得不少經費，又幫周清玉撰寫演講稿，得到熱烈迴響。最後，周清玉以十五萬票的第一高票，當選國代。另一邊，在宜蘭參選的黃煌雄也順利當選立委。這次勝利，彷彿是臺灣人民以選票，表達對美麗島事件的不平。選情告捷，加深了陳定南投身政治的信心和決心。

「……老實說，起初我不肯，心想生意做得好好的，何必去涉足是非圈，於是有人曉我以大義，有人對我激將，總之，不外是知識分子不可逃避責任，讀書人應發揮道德勇氣挺身而出等等，於是我回顧了郭雨新的監委、立委選舉、美麗島事件、林義雄家血案、陳文成命案等，又看到當時氣氛低沉，大家對政治噤若寒蟬，心有餘悸。我覺得真的不能再逃避了，就這樣暫別了十三年半的工商界，在一九八一年初回到宜蘭來做競選的準備工作。」這是一九八七年，陳定南接受《臺灣日報》訪問時，親筆寫下的一段告白。

初出茅廬　挑戰縣長

原先陳定南考慮參選省議員，但是初出茅廬的他，不論輩分、資歷，都不足

一九八一年公職選舉，同為3號的陳定南（站下方、舉高手）與張川田（站上方），一個選縣長，一個選省議員。

以令人信服。加上黨外陣營早就有栽培已久的人選，因此幾乎沒有人看好他。張俊雄就表示：「我對陳定南第一次參選就要選省議員，頗不以為然，我和費希平、黃煌雄到宜蘭去找陳定南溝通。我很坦誠告訴陳定南，你要參選，會全軍覆沒。」於是，他們便建議陳定南參選宜蘭縣長，當時的對手是李讚成，就政治的考量而言，讓游錫堃、張川田參選省議員，安排陳定南參選縣長，這是較安全又「經濟」的作法。

「結果他當場接受，我嚇一跳，於公的立場上，他會顧全大局，並不固執己見。」張俊雄說。

一九八〇年代的臺灣，政治上已逐漸顯露破冰的態勢，噤聲的寒冬似乎走向終結，一種熱切的、嶄新的期望在隱隱醞釀著。越來越多人開始關注起「黨外」運動，投身政治。

「參選爆炸」竟成為黨外陣營的一個棘手問題，而宜蘭縣的情形也是如此：省議員方面，傳出方素敏、游錫堃、張川田和陳定南等人有意參選，縣長方面則有游耀長、簡添榮等人表示意願，一時之間，踴躍非凡。

在一陣喧騰過後，省議員人選大致底定，從游錫堃、張川田和陳定南三人當中協調選擇。這三人皆出身農家子弟，代表黨外鮮明的草根性格，但因學經歷不同，也呈現不同風格和路線。大致來說，游錫堃是較資深的「黨外人」，很

在一黨獨大官僚腐化的時代，陳定南「不收紅包，不取回扣，不炒地皮」的簡單政見，給人清新的期待，在地方上慢慢發酵。

1. 時任立法委員的黃煌雄（右）為陳定南（左）站臺助講。
2. 陳定南的清新說理，加上民心思變，在各地慢慢吸引民氣。
3. 陳定南競選縣長時，在羅東中正堂演講。
4. 陳定南站在競選宣傳車上，在南方澳向漁民演說，向鄉親抒發參政的理想。宣傳車看板寫著：「打破國民黨三十年縣長專賣局面」的政見主軸。

5. 陳定南、夫人張昭義與競選幹部沿街拜票。
6. 時任國大代表的周清玉（左一）、立法委員費希平（右一）陪同陳定南（中）掃街拜票。

早就接觸政治，與黨外人士關係密切，人脈廣闊、經驗豐富。張川田是政治系畢業，也從事貿易工作，曾自行創業，在資金方面較無匱乏。不過，陳定南卻是向來都對政治相當冷漠的，真正參選之前，其實是一張徹底的白紙。

國民黨方面，縣長人選由李讚成獲得提名，官來壽與陳洦汾則參選省議員。為了做出最適當的搭配，黨外陣營對提名的人選相當謹慎。以宜蘭縣歷年的經驗來看，縣長乙職向來由國民黨壟斷，省議員通常國民黨和黨外各占一席（在黨外選情較好的情況下才有的結果）。所以，若讓游錫堃、張川田和陳定南三人同時角逐省議員，是非常危險且不智的，極可能最後弄得三敗俱傷。於是，陣營內部便決定設法對三人展開勸退、協調，讓其中一人改選縣長。

當時所謂「黨外」是沒有「組織性」的在野勢力，這些來自各方、原來毫不相關的勢力，因為理念相同，而且有共同競爭對手國民黨，有了同樣的目標，才可能策略聯盟。所以，一旦選舉時黨外參選人互相角逐，其實缺乏有效的約束。而這次的宜蘭縣長選舉，卻由於長期民心思變，激化了黨外陣營空前團結的力量。

廣興會議

在這場選戰中，廣興會議是成敗的關鍵。會議由黃煌雄主持，另外召集多位黨外代表與會。首先由游錫堃、張川田和陳定南三人依序報告政見，再由與會人士當場質詢。按照抽籤結果，陳定南第一個上場，他帶著《六法全書》，展現所學、侃侃而談。然而在被質詢時，眾人卻「一面倒」地說服他改選縣長。

事實上，會議前幾天，蔡世儒就曾對他分析過：「我們少輸為贏，票如果開出來十萬張，李讚成拿六萬張，我們拿四萬張，你對省議員有興趣，在這四年當中，好好經營你的蘭陽法律服務中心，以你做事的品質，再加上縣長這一戰，知名度都有了，四年後才有機會。」由此可見，黨外陣營對縣長選戰幾乎不抱任何希望，只把它當成日後再參選的「模擬戰」，主要戰力仍然放在省議員的選舉上。當下陳定南著實也有些不情願地回應：「這不是叫我去做犧牲打嗎？」不過，為了顧全大局，陳定南選擇接受參選縣長的安排。

面對強勁對手和艱難的環境，陳定南毫不畏懼，奮力迎戰。雖然當時他缺乏資源、政治經歷幾乎空白，知名度又低，各界都不看好。不過，決定參選縣長後，陳定南卻以無比的自信向朋友表示，這場選戰即使落敗，也會是宜蘭縣有史以來最激烈的一場選戰。

助選團隊於縣政府合影，左起葉煥培、立法委員黃煌雄、陳定南、高鈴鴻、陳錦興。

開票結果，黨外新人陳定南以八千票之差擊敗國民黨提名的李讚成，宜蘭一夕變天。

1. 當選之後，陳定南親自到各鄉鎮謝票，大街小巷跑透透。
2. 一九八一年縣長選舉當選後，陳定南（右）與省議員游錫堃（左）舉杯互賀。

一開始，不只外人不看好，就連陳定南的家人也抱持反對的態度，他們並不希望陳定南從事政治。尤其小姑媽更是擔心、煩惱陳定南的生活：「做官若要清廉，吃飯就要攪鹽。」因為她知道，以陳定南執著又潔癖的個性，走上政治絕對加倍辛苦。

不過，陳定南決定參選了，家族上下還是全力支持。

面對這個名不見經傳的新面孔，國民黨陣營原本以為宜蘭縣長一仗是穩贏不輸。沒想到選戰正式開打後，陳定南卻奇蹟似地颳起一陣旋風，吸引了許多民眾的注意和支持。所到之處都受到熱烈歡迎，政見發表會也場場爆滿。

投票前夕，羅東鎮的計程車司機竟主動發起「一人五百元運動」，集資購買鞭炮為陳定南造勢。羅東火車站前鋪滿了無數鞭炮，許多民眾自動尾隨在後。聲勢之高，超乎想像，國民黨方面更是感到難以置信。

一夕變天　終結國民黨卅年縣長專賣局面

開票結果，黨外新人陳定南以八千票之差擊敗國民黨提名的李讚成，宜蘭一夕變天。游錫堃也同時當選省議員，宜蘭的黨外陣營士氣大振。

國民黨的腐敗早就不是新聞，尤其前任縣長李鳳鳴時代，貪污腐化早已讓縣

從大洲老家出發往縣政府赴職，陳定南（右一）在街上接受鄉親歡送。

民積怨難消。陳定南適時提出不收紅包、不拿回扣、不炒地皮的「三不」政策，抓住了人民對貪污的反感情緒，帶來清新、振奮的氣息。政治資歷有如一張白紙，沒有任何包袱的陳定南，加上穩健的風格、敏捷的口才、誠實的形象，以及明確有力的政見，成功吸引了選民的支持。此外，美麗島事件和林宅血案，促成黨外陣營的團結，也讓臺灣人民同仇敵愾，種種因素，終於成功取代國民黨在宜蘭三十多年的政權。

一九八一年十二月廿日，陳定南在宜蘭縣立體育館宣誓就職，成為第九任宜蘭縣縣長，是蘭陽平原上第一位黨外縣長。挾著四年傲人政績，一九八五年更以百分之七十選票，壓倒性擊敗國民黨提名候選人，締造臺灣地方自治史上空前記錄。迄二〇一四年始被臺南市競選連任的賴清德以百分之七十二點九打破。

八年任期，陳定南締造了所謂「宜蘭經驗」，成為臺灣政壇最耀眼的明日之星。陳定南成了傳奇人物，或者說，他的整個故事、包括他所做的事，本身就是傳奇。

陳定南曾經為自己的墓誌銘留下這段話：「宜蘭經驗創造者，宜蘭現代化之父。」從歷史角度來看，可謂「未蓋棺，已論定」的先見之明。

一九八一年十二月廿日，陳定南正式宣誓就任宜蘭縣長，他說：「競爭已經結束，合作應該開始。」這一天是陳定南展開創造宜蘭經驗的第一天。

蘭縣地形圖

04

開創宜蘭經驗

改造人事　品管縣政

當選勝利後，陳定南捲起衣袖，辛苦的改革正要開始。

甫上任，面對的是一部運作已久、老舊陳腐的縣府機器，公務人員多是國民黨員，對他抱持冷淡、甚至不願合作的態度，消極抵制這位黨外縣長。陳定南並不因此退縮或手軟，他把「整頓官箴」視為上任後的第一要務，首先從最為人詬病的建管課下手。陳定南的好友林光義就說：「過去，一般人民要申請建築執照，往往會遭承辦人員一再退件，直到案卷內夾上『孫中山』（賄款），才有機會核可。」陳定南擔任縣長後，規定建管課只能退件一次，而且要明確解釋不通過的原因，並須註明承辦人姓名、電話，以便當事人查詢，核發執照的時間，不得超過二星期，講求確實、透明與效率，讓公務員沒有故意刁難的機會。「混日子的人一大堆，同流合污的也不在少數。人事不做大刀闊斧的調整，一切都是空談。」這是陳定南親筆寫下的手稿，表示他的概念和態度，首重在「人」的改革。

這些改革在陳定南上任後一一實施，而且絕對沒有打折的空間，說到做到。例如，在他上任的一個月後湊巧碰上農曆過年，陳定南公開宣布不得送禮，否則將公開名單。雖再三告誡，仍然有人不識相地送上禮盒、洋酒等東西，陳定

陳定南（左一）常帶隊勘查宜蘭十二個鄉鎮觀光資源，當時與書法家康灩泉（左二）親自勘查草嶺古道「虎」字碑合影。

南果真交代人事處公布名單，之後便不再有人敢違犯了。

至於人事升遷方面，也一律杜絕過去「走後門」的惡習。陳定南公開言明不接受人事關說，進行人事關說者立刻出局。縣政府需要約聘人員，則一律透過公開公平的徵才。關說反而變成自毀前程的作法。

禁止關說、請託的原則，除了人事，在縣政推動與執行公共工程方面，更是徹底實踐。當然，杜絕走後門，對象包括一般縣民、親朋好友、家族親戚等一體適用，絕無例外。

游錫堃擔任民進黨省議員時，就曾告訴請託他關說違建的民眾：「你那件違章建築的案子最好不要叫我去找陳縣長，因為有一次我向他關說不要拆某違建，結果他說這本來是下級主管管轄，現在既然被他知道了，就非拆不可。所以最好不要講，講了反而沒救。」

陳定南在公事上「六親不認」的例子還有下面這件：有一次，林光義經營的補習班屋頂加蓋，縣府的人來查，他也只能乖乖配合，心知陳定南即使是熟識的朋友也不例外的原則，「給我留一點尊嚴」是林光義唯一的要求，最後自己雇工拆除。

就這樣，陳定南上任後開啟了一個嶄新的局面，縣政風氣煥然一新，更產生許多以往沒有的「奇景」。例如過往年節、喜慶，縣長官邸前通常人車不斷，

陳定南（右邊彎腰者）上任之初，為了爭取開發東北角草嶺古道的龐大經費，當俞國華院長前來視察時，不浪費時間、直接在現場做簡報。

縣長任內，陳定南除蒐集歐美及日本等先進國家良好的公共建設案，更將縣政府辦公室前的一間會客室當作「地圖室」，整個房間三面牆壁都是二萬五千分之一的都市計畫圖。他卸任縣長後，有一次行政院長郝柏村到縣政府訪問，看到這張地圖時頗驚訝。陳定南向郝院長說：「你們三軍作戰中心的地圖大概沒這麼大吧！」

陳定南常常在車後行李廂放著鐵槌及其他工具，抽空就會到工地親自敲敲打打，發現有偷工減料，不合規定的部分，立刻下令打掉重做。而且立即追究行政或刑事責任。因此包商、主辦人員和監工，都不敢心存僥倖。

這些多是前來送禮、拜訪的民眾，陳定南一家住進後，因為不再有人敢送禮，而變得冷清卻寧靜。

陳定南對於縣府員工嚴格的要求和大力整頓，也逐漸扭轉了整個氣氛和環境。漸漸地，縣府員工體會到「把事情做好」的尊嚴和意義，陳定南說：「我花了一年半的時間，使公務員從敵視、抵制、消極的氣氛，轉移到盡心盡力地奉獻心力配合縣政的推動。」機要祕書陳忠茂的話，為此下了極好的註解：「陳定南為公務員樹立起高傲的自尊」、「陳定南擔任八年縣長後，宜蘭人站出去都很驕傲。」就是這樣的陳定南，不只改善了軟硬體設施，更創造了宜蘭的價值。

陳定南縣長任內，以歐美先進國家公共設施的照片作為參考。並且，親自寫下許多設計建造的概念，例如要「運動場公園化、公園運動場化」、「創造獨特的親水環境」等。可見，陳定南的規劃是將理想投注其中，而不僅是要求實體建設的標準化。

如今陳定南悉心規劃、翻轉宜蘭的公共建設，都成了受歡迎的景點，設計與施工品質都為人所稱道，不但被讚有世界水準，更是宜蘭居民平常熱愛郊遊、走動的地方，宛如日常生活的樂園。徜徉於濃蔭綠地之下，成為宜蘭人隨手可得的幸福。

陳定南任內規劃的羅東運動公園，現今已成為宜蘭最受歡迎的景點之一。

周切的弱勢關懷

雖然執行政策鐵面無私，摒棄人情包袱，事實上陳定南卻有悲天憫人的胸襟。只要是能力所及，他絕對竭力幫助弱勢族群，甚至自掏腰包扶助窮苦人家。一般而言，極少有政府官員會設身處地為社會底層的民眾著想，陳定南卻可以為了保障農民的權益，清晨三點親自帶人前往臺北環河南路果菜市場「抓菜蟲」，監看宜蘭蔥的拍賣情形，避免宜蘭蔥農被不肖盤商壓榨。另外，一九八六年底，陳定南主動由縣政府提撥一千萬元，另由蘇澳、頭城等地漁會各提出數百萬的資金，共同設立海難救助基金，提供海難者家屬安家之用。

平日陳定南個人對窮人也十分慷慨。自己吃得清淡，卻很捨得幫助有需要的人。他的小姑媽就說：「有受刑人刑滿出獄後打電話給他，要幾千元生活費，他都給。」還有一回，曾有位縣民寫信給陳定南，說支付孩子每個月五千元的學費有困難，想請縣長幫忙，陳定南很乾脆，就交代夫人按月寄錢資助，直到對方來信說孩子已畢業，不需要再寄錢了。有一次林光義與陳定南同行，遇到一位老芋仔衝上前來向陳定南行九十度鞠躬禮，千恩萬謝地連稱陳定南為大恩人，此事才曝光。

陳定南（左三，身穿灰色西裝）與時任行政院長的俞國華（揮手者）先生巡視宜蘭農產市場。

1. 冬山河施工前歷經近二百次的各式會議，也曾連開近十小時會議直到半夜。
2. 引進國外優良的規劃設計團隊建設宜蘭，九二一大地震後，曾參與宜蘭縣校園更新計畫的縣籍建築師，紛獲陳定南（左三）邀請協助災區校園重建，被建築學界譽為另一個「宜蘭經驗的輸出」。
3. 宜蘭經驗就是縣府團隊披荊斬棘，一步一腳印創造出來的。

陳定南入主縣政第一招就是殺雞儆猴。縣政府當時紅包橫行，陳定南要求建商申請案只能退件一次，核可與否必須三天內定案，以杜絕送紅包機會，短期內行政革新的效果立現，紅包文化在宜蘭絕跡。防止圍標是維護政府的權益，防止黑道介入則是維護正當廠商的權益，這二項工作被陳定南列為工程發包過程的首務。

宜蘭新價值

「簡報縣長」是陳定南的另一個外號，顧名思義，他很擅長做簡報來爭取經費。為了爭取重大建設經費，陳定南常親自率隊帶著成箱圖表、幻燈片和報告出席大小會議，不厭其煩地再三解說，讓中央和省政府留下深刻印象，覺得宜蘭和其他縣市不一樣，憑著實力去贏得經費。

雖然上級官員來視察，沒有大魚大肉，只招待便當，但陳定南別出心裁又詳細完善的報告，總能順利幫宜蘭縣爭取到更多的資源。因此，「十四項建設」中的東部及蘭陽地區治山防洪計畫，宜蘭縣獨得八十二億經費中的百分之四十二，連水利局都查不到名字的安農溪，陳定南也能說動當時的省主席李登輝，撥下三億六千萬元的整治經費。觀光局一年補助各縣市觀光經費的兩億元，宜蘭一年就拿了四分之一。

還有一次，省主席邱創煥進行全省的巡視，說明各縣市補助經費不超過一千萬元，但是一到宜蘭卻立刻「散財」，破例大方撥了兩億元經費，邱創煥說：「這麼詳盡的計畫不給都說不過去。」

一九八五年的臺灣省區中運在宜蘭舉行，陳定南親自監督、規劃。他一改其他縣市讓選手住宿學校的作法，提供旅館作為選手村。而開幕活動的設計更是

一九八五年區中運晚會，左起：陳定南、紀政、主持人趙樹海。

別出心裁、講究得一絲不苟，從聖火點燃的剎那，要立即播放貝多芬第九號交響曲當中最著名的「快樂頌」十六音節，鳴放禮炮與敲和平鐘間，需間隔廿五秒，重複十七次向大會會長致敬，同時在會場四個角落施放和平鴿，環環相扣，每一個細節都詳細籌畫。

陳定南緊盯流程，事前反覆演練，終於在開幕晚會上贏得現場兩萬多人的喝采與肯定。典禮完畢後，邱創煥斬釘截鐵地說：「零缺點」。這場運動會被讚譽簡直可比擬奧運，陳定南凡事極盡完美、近乎苛求的態度，讓外界對宜蘭縣政刮目相看，與以往不可同日而語。

壓倒性連任縣長

四年下來，陳定南的政績有目共睹。一九八五年再次競選縣長，選舉結果以百分之七十對百分之卅的壓倒性差距，擊敗國民黨對手，贏得連任，懸殊的票差也創下臺灣選舉史上的紀錄。當時與他角逐縣長的林建榮事後心有餘悸地表示，任何人出來和陳定南選都一定輸，「因為宜蘭已經把陳定南神化了。」

雖然受到各界肯定、尊敬與愛戴，但陳定南對於政治也曾經感到力不從心。他在一九八九年底，林義雄返鄉的歡迎會上公開表示：「在我第一任縣長任期

陳定南向時任省主席的李登輝進行簡報與座談。

南安國中校區平面圖
南安國中遷校計劃簡報

1. 陳定南展現跨欄功夫。
2. 陳定南首創校園整體規劃、分期興建的理念與作法，屢獲「發展與改進國教」全國考評第一名。
3. 下鄉勘災，「繼續講，我有在聽」一邊聽取簡報，一邊勤做筆記。

當中，有一陣子對政治非常灰心，對於要不要競選連任一直猶豫不決。」
長期接送陳定南的「特約司機」游再添說，每到颱風天，陳定南一定把縣民的安危視為第一要務，視察災情時，特別要求避開衛星新聞採訪車，在離人群遠處下車視查，行動極為低調。足見他不作秀、真心想要把事做好的踏實和誠懇。

永遠保持心境的清明，就是陳定南的為人。做任何一件事必定全力以赴，對他而言，追求「價值」遠遠超過實際利害，他不可能為人情折腰，亦不會向局勢低頭。對就是對，錯就是錯，決定要做的事，他總像「拚命三郎」般傾盡全力，排除一切困難，只為達成一個簡單的目標。「不正確」的事，永遠被他嚴正拒絕，不論是否冒犯他人、打破既有規則。這份是非分明的篤定，或許只來自一顆簡單、執著的心。

突破禁忌　挑戰威權　走在前端的百里侯

在戒嚴未除，白色恐怖陰影籠罩的年代，陳定南於一九八五年元月率先實施彈性休假，一九八八年七月裁撤迫害人權的行政機關「人二室」及校園安維祕書，銷毀忠誠資料，同年九月廢除電影院放映國歌影片的規定。

陳定南任內展開與國際知名城市締結姊妹市的「城市外交」，圖為隆重接待姊妹市開普敦市長一行。

一直以來，陳定南對國民黨那套專制高壓的體制不能認同，甚至厭惡。他並不在乎所謂的「威權」，凡事只有「對」和「錯」。他的許多作法，在那個保守的年代，顯得十分大膽、特立獨行。像他在一九八六年，第二任縣長就任不久，即宣布取消元旦升旗典禮、國慶日和光復節等國定假日慶祝及紀念活動，讓宜蘭的學生「放假就是放假」，不必搞些無謂的、僵化的大場面。

一九八八年八月卅日，宜蘭縣各級機關及中小學的「忠誠資料」，總共十九大袋及一只大紙箱，全部集中在中興紙廠羅東總廠銷毀。

新聞局糾正宜縣府取銷播映國歌影片

陳定南指其「強詞奪理」

09.15.88 自立晚報

宜蘭縣長陳定南說：「新聞局強詞奪理」（本報資料室檔案照片）

【本報記者楊基山專訪】行政院新聞局決定糾正宜蘭縣政府取銷播映國歌影片的作法，其所依據的是電影法施行細則第十五條之規定，陳定南縣長認為新聞局是「強詞奪理」，他強調並非反對國歌，而相反的是尊敬國歌，才有如此作法，以下是本報記者的採訪問答：

問：新聞局長邵玉銘發表談話，將針對縣長取銷國歌影片之播映，來文糾正，你的看法如何？

答：國家要人民履行某種義務或行使某種權利，一定要透過立法，單憑行政命令是違法的，而電影法施行細則為行政命令，就是該細則明文規定要播放國歌影片，也行不通，更何況其第十五條內容，並不能當作電影院應播映國歌影片之命令。

電影法施行細則第十五條是說，政令宣導等影片應在正片之前國歌影片之後放映，而如此訂定乃是依據過去不成文的規定—唱國歌，但這不能解釋為法令，新聞局以此為法的依據是不對的，這是「強詞奪理」，該局要如何糾正呢？此乃地方自治權責。

問：有業者認為這是一種習慣，如他每天播映一次，更具意義，縣長認為如何？

答：縣府通知取銷播映，其實是為業者擔當責任，如果說可以放或可以不放，大家都不太敢，因為怕調查局和警總會記一筆，當然業者高興想播，縣府也不會去管，祇是說認為不必要播放，也無法定義務，而且事實上已經變質了，在電影院內色情影片充斥，觀眾嘻笑，髒亂吵雜，想想看國歌的尊嚴在那裏？

問：有些學者針對陳縣長的作法，表示不敢苟同，你的反應又如何？

答：你去問學者或有頭有臉的人，沒有幾個人敢講，簡單說一句，大家是心存恐懼，所以要言不由衷，所以要口是心非。

問：陳縣長已上任將近七年，為何到現在才提出取銷國歌影片，是否有特別意義？

答：沒有特別意義，事實上我已講很久了，也經常在工作會報上提及類似問題，通知各學校升降旗不要集合，就地肅立即可等，有時未作進一步交辦，就會毫無下文，其實我也一直在開導同仁的觀念，只因大家怕事而不做，甚者連理都不理，而唱國歌的事，已講了好幾年，現在只好交辦了。

宜縣府取銷播映國歌影片

電影業者多表贊同

【宜蘭訊】宜蘭縣政府昨（十四）日下午以最速件通知縣內各電影院，即日起取銷播映國歌影片，以配合勵行革新之政策，針對此事業者反映大致贊同。

縣長陳定南前天親自下手諭，指示通知各影劇院取銷國歌影片之播映，縣府新聞股昨日下午四時許，以最速件將該項公文發送各電影院。

縣府指出，電影院播映國歌影片，雖行之有年，但就劇場環境、影片內容及觀眾反應等三方面衡量，多數電影院演唱國歌有失莊重，並使國歌之尊嚴遭受貶損。

宜蘭地區目前有十四家電影院，各業者針對陳縣長的指示，大多認為是有其正面意義。

宜蘭市樂宮戲院負責人劉松輝表示，尚未收到公文，無法肯定答覆，但如果是地方政府通知取銷播映，將會贊成，以前開會時也有人作此提議，因為當電影生意興旺時，播映國歌有人不願肅立，或許還看不到，但遇晚場觀眾冷清，往往沒有一人肯站起來，實在對國歌不尊重。

羅東鎮東一戲院負責人吳榮仁則認為，播放國歌影片，已是一種習慣，如同小學生參加升旗一樣，他贊成一天播一次，放多了確實沒有意義。

據了解，縣府雖已通知各電影院取銷播映國歌影片，但業者不遵照執行，縣府並無約束力。

在戒嚴未除，白色恐怖陰影籠罩的時代，陳定南於一九八五年元月率先實施彈性休假；一九八八年七月裁撤迫害人權的行政機關「人二室」及校園安維祕書，銷毀忠誠資料；同年九月廢除電影院放映國歌影片的規定。

1. 陳定南擔任縣長期間，對宜蘭水災戶的安置措施，也破臺灣記錄。淹水的家庭，只要達到無法煮飯、睡覺的災害程度，就安排受災戶住旅館，另每日補助金額。圖為宜蘭市金六結淹水，陳定南前往視察災情。
2. 陳定南帶隊（右二）到日本參觀景觀設計。
3. 陳定南（右二）巡視南澳、大同鄉。
4. 陳定南（左三）勘查新峰瀑布。

1 陳定南與李登輝之間，存在一種微妙的關係。他曾經多次與李登輝交手，屢屢挑戰李登輝：擔任縣長時，李是臺灣省主席和副總統；當立法委員時，李登輝則成了總統。

2. 雖然李登輝對陳定南相當關心，但個性耿直的陳定南，卻因為公共政策數度與其對立。但李前總統可能不知道，陳定南初上任縣長參加省政會議時，受贈於李主席的公事包，終其公職生涯，未曾離身，未曾遺忘託付。

3. 一九八三年冬山河首次舉行宜蘭縣龍舟賽。

4. 民眾在冬山河親水河岸休憩。

七〇、八〇年代，政府體制中尚有對職員的「忠誠調查」，公家機關普遍存在著某種不尋常的壓抑氣氛，成為公務人員莫大的心理壓力。自白色恐怖時期以來，對人權的種種迫害，令陳定南深惡痛絕。因此裁撤各機關「人二室」和學校安維祕書，凍結教育局人事課預算。如此更動制度，雖然遭到省政府警告，陳定南依然不為所動。

一九八八年九月，陳定南下令縣內各戲院在影片放映前不必播映國歌影片。以往，戲院放映電影之前一定要先放映國歌影片，所有觀眾必須起立表示莊重，但陳定南以「就劇場環境、影片內容，及觀眾反應三方面衡量，電影院放映國歌有失莊重，為了使國歌尊嚴不繼續遭到貶損，並且也無法律規定戲院必須播映國歌」之理由，宣布宜蘭縣所有戲院可以不必播放國歌片。

取消放國歌規定一年後，陳定南再度下令縣屬各機構不需每日升降旗，理由是：「如此可使國旗每天廿四小時永駐竿頭，同光日月」；而縣屬各公務場所，除「國父」遺像外，毋須懸掛其他政治人物肖像，以正體制。

除此之外，一九八九年北京天安門事件爆發，陳定南也拒絕配合上級舉辦天安門事件追悼大會的指示，反於六月十三日中午十二點鳴鐘廿一響，向二二八事件受難者，及鄭南榕、詹益樺等海峽兩岸民主烈士哀悼，並交代全縣降半旗致哀。他發表聲明表示，臺灣自二二八事件以來，當局對於人民、言論的壓迫和箝制幾乎與對岸如出一轍，在這種環境之下，許多人仍不乏追求自由的鬥志，如鄭南榕、詹益樺等人以身殉道。他表示「對北京政府迫害人權的行徑，吾人既表憤慨；但國民黨政府摧殘民主的劣績，也應同受譴責。」這番言論完全無畏於當時環境的壓力。報紙還以大標題寫到「陳定南對北京和臺北政府各打五十大板」。

陳定南如此不斷挑戰體制與威權，目的在於拋棄過去四十多年來僵化的傳統包袱，破除膜拜權威的教條形式，致力改造體制。他強硬而堅定的立場，雖然招來上級的警告與各界充滿疑慮的反對聲音，但是，他突破窠臼，努力走出舊時代陳腐陰霾的種種作為，相當程度刺激了臺灣社會的內省。

首創運動與公園結合

「宜蘭經驗」是民進黨在一九九二年立委選舉、一九九三年縣市長選舉和一九九四年省長選舉的強力訴求。陳定南任內規劃成功的冬山河更是「宜蘭經驗」的標竿、也是黨外執政能力的證明，更被視為臺灣河川整治和地景設計最成功的典範。

冬山河風景區的規劃，實際上反映出一套施政方法和目標，包含企業管理精神，即計畫作業、重視效益評估、訂出優先順序，然後進行追蹤考核、擬定時間表、列下目標管理。

從計畫到執行，是規劃冬山河的「方法」，而堅持為臺灣留下一塊淨土，讓宜蘭成為北部地區公園，則是計畫的「目標」。有了完善的「方法」與理想的「目標」，加上嚴謹踏實的作風、鉅細靡遺的態度，終於成功為宜蘭打造了如此優秀、美麗的河岸風景區。

過去，冬山河河道狹窄、彎曲迂迴，經常潮水倒灌，水患頻仍。一九七六年起，省水利局整修浚渠，整治冬山河使水量趨於穩定。陳定南主政後，先依區域計畫非都市土地使用分區辦法，將冬山河兩岸編定為風景區，進一步積極爭取中央專案投資縣級風景區，成功得到行政院長俞國華的青睞，獲得「報請中央列入重要經建投資計畫」的資格。

冬山河風景區開發計畫在三年間須投下近十二億元，在地方自治史上史無前例。陳定南親自深入研究，蒐集許多國內外有關水岸水景設計的資料，一九八七年，日本象集團正式接下冬山河風景的設計工作。

「公共設施、公園綠地，及生活環境品質的投資，絕對值得縣政府舉債來做，因為所獲得的效益不是眼前的小利所能衡量。」陳定南如是說。他將冬山河的規劃視為百年大計，以宜蘭土地的永久發展做考量，從設計到工程，都絕對要求高品質，日本象集團的工作團隊與陳定南的理念相契合，也執著理想、一絲不苟。親水公園建造時，因運用的材料種類多而繁雜，又礙於地形，無法機械搬運，需靠人工篩選石頭、砌石、貼陶片，工序極為繁瑣費工，令承包工程的同昌建設苦不堪言，大嘆虧本、生意難做。

另外，為了讓鄉親參與公共工程，以深化人民與土地的情感，陳定南開放全縣將近九百名擅長美術的小朋友，共同創作，完成黃龍岸司令臺旁階梯的鑲嵌裝飾，以卵石、貝殼、彈珠、陶瓷片等媒材進行拼圖，有的還簽上名字、或按上手印，不但美觀討喜，更留下饒富趣味，也深具意義的紀念。

除此之外，宜蘭運動公園和羅東運動公園的規劃建造，同樣是以極嚴格的標準進行，為「宜蘭經驗」另添兩朵奇花。陳定南替宜蘭縣民打造了高品質的生活環境，宜蘭人終於可以挺起胸膛，驕傲地說：「我來自宜蘭！」

05 重光碧泉・再現青天

重光碧泉　再見青天

不論是否擔任縣長，陳定南特別珍惜的還是宜蘭的生態環境。蘭陽平原水秀山明，一直是在地人的驕傲、外地人的嚮往，是得天獨厚的資產。陳定南規劃每一項建設，總是以永續經營、不破壞環境為優先考量。

他主政八年期間，為宜蘭的未來規劃了「觀光大縣」的藍圖：產業以傳統農、漁業為主，畜牧業為輔，工業則是發展地方資源型工業，如農漁產品加工業。產業的特殊結構，令環境保護更顯重要，陳定南說：「即使目前地方財政尚無力做好環境建設，也要保護美好資源，不再受進一步破壞。」

陳定南除了反對六輕，也相當重視對原有環境的改善。杜絕空氣污染的「青天計畫」和改善水污染的「碧泉計畫」，證明宜蘭縣的環保概念和執行，總是走在其他縣市前端。

一九八三年八月，陳定南推出「青天計畫」，對縣內五家水泥廠採取全天候三班制廿四小時駐廠監測，每班監測一次，只要超過標準，當天即罰六萬元，如果屢犯便連續處罰。在勤查重罰之下，五間水泥廠一年內竟被罰款超過六千萬元。水泥廠禁不起重罰，不得不耗費鉅資改善防治污染設備。

「青天計畫」的特點在於突破編制及經費的限制，以主要加強的人力「派員駐廠」嚴格取締，達到改善的效果。宜蘭縣政府為了執行「青天計畫」，每年的花費增加二、三千萬元，卻保護了自然環境，減少農作物受山泥灰塵之害，罰款則用於受害地區之補償性建設。最重要的，還是達到遏止污染的效果。

一九八五年落塵量高居全臺第一的蘇澳鎮永春里，在隔年即退居全臺第四，一九八六年九月，各廠違規率更從以往的百分之四十至六十降到百分之六。當計畫逐漸顯現成效之際，陳定南仍不鬆懈，經常深夜前往突擊抽檢，以確保業者確實做好防治污染的工作。

以往，冬山、蘇澳地區的居民晾曬衣服，上面總會積上一層厚厚的灰，空氣品質之差令人難以想像。「青天計畫」執行後，有一次，一位宜蘭高中的李姓數學老師開車回冬山老家，看到母親曬在屋外的衣服不再覆蓋灰塵，不禁感動得落下淚來。那一刻他深深地感受到，擁有藍天白雲不再只是奢望。

宜蘭縣水泥產量占全國三分之一。但陳定南認為「武荖坑上游水泥採礦場的設立，是一場噩夢的開始」。因為武荖坑溪流清澈，原是當地居民夏日戲水、抓魚的好地方，水泥、採礦廠進駐後，溪流成了排放廢水的管道，被嚴重污染，非但河流污濁、魚類生態破壞，更影響引武荖坑溪水灌溉的農田，連帶下游農作物也遭到污染。陳定南就任縣長後，經常獨自到武荖坑「巡田水」，他發現上游的信大水泥採礦廠攔砂工程太簡陋，讓廢水未經妥善處理便流入溪中，是

1. 整治前的武荖坑溪因上游的採礦場排水問題而造成的污染，溪水都呈現牛奶色。
2. 整治後，一九九四年在武荖坑露營地舉行全國大露營，當時的省教育廳長陳英豪在開幕典禮上公開讚揚，武荖坑露營地是全亞洲最好的露營地。

陳定南（左二）到臺灣大學拜訪學者及專家，
左起生態學家劉燕明、於幼華、楊憲宏。

破壞環境的元兇。

陳定南堅持，信大水泥未改善，絕不鬆手。信大水泥一度動用關係，請黨國大老出面，陳定南當然不買帳，更公開怒斥：「官商勾結、包庇特權。」

在他的堅持下，清澈見底的武荖坑溪終於再現，更被規劃為大型露營區。

除了工業污染，陳定南還嚴格取締畜牧業對河川的污染。養鴨業者占用河川地、違規養鴨的情形一度相當嚴重，縣政府除了強制拆除鴨寮等設施，並停發家畜健康證明書，切斷外銷途徑，多管齊下。

在陳定南八年縣長任內，不斷與濫伐木、濫採礦的林務、礦業單位對抗。這些單位無視森林法與礦業法禁止在保安林內採礦、採土石的規定，以違法的行政命令「保安林內礦業案件處理要點」為依據逕行採礦伐木。

有一次，東澳國小擴建教室，因為怕樹幹太靠近教室，颱風時會損及屋瓦，校長和主任同意包商把一棵百年雀榕砍掉。對此，陳定南非常氣憤，把校長和主任申誡處分，並通函全縣。他更進一步動員學生調查縣內大樹，直徑廿公分以上都列入管制，保住許多差點要被砍掉的老樹和大樹。

為了找到環境保護與經濟發展之間的平衡，使公害防治和生態保育齊頭並進，陳定南於一九八八年開始編列九百六十萬元預算，委託臺大環境工程研究所擬訂宜蘭縣環境品質標準計畫，也就是俗稱的「環保大憲章」，希望透過學術單位的研究報告，經由宜蘭縣議會的立法程序，使它具法律地位。不過這項研究計畫卻未獲縣議會支持，該筆預算案經議會三次否決，引起軒然大波。最後由於陳定南的堅持和環保界的支持，才於一九八九年七月通過。

反六輕的漫漫長路

陳定南抗拒威權最為人所知的，應屬他在宜蘭縣長任內，對抗國內首屈一指大企業台塑的「反六輕運動」。

一九八七年初，宜蘭縣議會以九分鐘的速度，提案通過「歡迎六輕到宜蘭設廠」。

台塑公司欲在宜蘭設廠的計畫其實已鋪陳許久，早在一九八〇年代初期，便規劃在宜蘭利澤附近設立六輕工業區，一步步進行建設六輕的相關事務，從收購土地、到國外收購機器、向環保署提出環境影響評估報告，更取得包括中央、臺灣省政府、地方民代的支持，以便能夠順利在宜蘭設廠。

陳定南注意到此事，深入了解台塑的「六輕計畫」，發現這項計畫是石油工業輕油裂解廠，有四種基礎原料和廿幾種中間原料，可能造成空氣、水、固體廢棄物、噪音、景觀等嚴重污染，對宜蘭的自然環境將會造成破壞性影響，

一九八七年十月五日，王永慶（左方站立者）親赴宜蘭縣政府為六輕開說明會，陳定南（灰色西裝中坐者）仔細聆聽，認真檢視簡報資料。

聲聲句句反六輕
一點一滴為故鄉

1990.12.26

我們熱愛孕育我們的鄉土，我們全力支持宜蘭鄉親反「六輕」的舉動，讓我們心連心，共同為保護鄉土，為世代子孫留下淨土而努力。

北美洲宜蘭鄉親「反對台塑重回宜蘭興建六輕」公開聲明書

在台塑投資大陸的海滄計劃受阻，才又轉向回頭，要留根台灣的時候，傳台塑向政府當局要求重回宜蘭利澤工業區興建「六輕」，並計劃擴建煉油廠和「七輕」的消息。我們一群旅居北美洲的宜蘭鄉親，聞之不勝駭異，為著關懷故鄉淳樸可愛的家園不被污染，也為著給後世子孫長留美麗的天空，我們堅決反對台塑重回宜蘭興建「六輕」的計劃。

經濟建設為當今政府施政之首務，而發展工業又為經濟建設之要圖。工業發展固有正面利益，但它也會帶來嚴重的負面影響（環境污染等），所以現代的經濟發展，必須根據國土區分規劃，應用科學知識和方法，針對地理特性加以分析考量。過去，經濟部工業局的工業區劃，常被譏為「御筆硃批」作業，非但未考量規劃原則、地理特性及工業性質，而且常忽略水源不足等重要問題。就以利澤來說，適合規劃為高科技少污染的工業區，若列為高污染的石化工業區，那就顯得非常顢頇無知了，因為宜蘭平原地理環境特殊，三面環繞高山，東邊面臨太平洋，是一個封閉性的世外桃源。「六輕」如果建在利澤，等於建在整個宜蘭平原的「風頭上」（平原與太平洋相隔的沙丘山上），非但淡水水源不足，而且污染物難以擴散，加以區內河流與海洋直交，海潮上漲或颱風來襲時，海水時常倒灌。何況「六輕」每日的廢水排放量，比全宜蘭縣縣民的每日用水量還多，光就廢水排放，即使做到符合所謂「國家標準」（比美、日標準尚差一截，況且台灣地窄人稠）也會徹底破壞全縣的自然生態環境，將比「林園」更為惡化，而空氣污染在多雨潮濕，不易擴散的宜蘭，為禍會更形嚴重。

台塑過去在台灣經濟成長上，有其階段性的一定貢獻，但對台灣的環境破壞也是有目共睹，「臭」名昭彰的。就以宜蘭境內的「龍德廠」為例，空氣污染罰單高居全台第一。過去防污設備不足，尚有託詞，如今台塑在美國的路易斯安那廠及德州廠，使用新設備和新技術，無論空氣污染或廢水污染 依然受罰累累，罰款數且創下記錄，並被標以「國際環境罪犯」、「污染大王」等罪名，如此「防污」 事實，何能取信於民？而污染可容量極小的宜蘭，又如何能承受得住如此龐大污染工業的摧殘？！

宜蘭人不是反對工業，只是反對污染。宜蘭其實非常需要工業建設，但囿於封閉性地理條件的限制，只能有選擇的歡迎高科技少污染或服務性、旅遊性的事業。我們實不能為著貪圖一時的經濟利益，而長期頂著層層污雲，再也看不到先民留給我們的綠水青山和美麗的天空，正如我們不得不用理性而又痛苦的抉擇，來婉拒一個美麗而又帶原的少女投懷送抱的情意，以免讓愛滋病折磨終生。

台塑董事長王永慶先生的奮鬥精神是值得佩服的，在年逾古稀的此刻，他還有如此旺盛的企圖心，發表一封又一封的萬言書，引發海峽兩岸的震撼，為著就是要建立他世界性的石化王國。但做為一個成功而又偉大的企業家，不單在於他建立的王國有多大累積的財富有多雄厚，最主要還是繫於他對社會的回饋和人類的貢獻。做為一個企業家，王董事長的眼光和經營理念都是一流的，若能濟以宗教家的胸懷和慈善家的憐憫，那就更成功了。其實宜蘭人也不是反對台塑建「六輕」，只是反對台塑為自己的經濟算盤而選擇地理條件最不適宜石化工業的利澤建廠。因此我們誠懇的希望王董事長能夠應用睿智，改變初衷，放棄「六輕」在宜蘭的計劃，重新選擇一個地理條件適合、污染度最小的地區，去建立石化王國，真正做好防治污染的工作，以求利己、利國、利民，能如是則王董事長一生心血永受尊崇，「經營之神」的美譽也將垂之久遠。倘若不作此圖，但憑財大氣粗、勾結權勢，以己利為依歸，置生靈於塗炭，甘為蘭陽縣民之公敵，縱能賺得天下全部之財富，亦將獲得「污染惡魔」之罵名，此應為聰明如王董事長者所不願為，更何況宜蘭人崇尚民主、遵守法律，天生具有反抗強權的特性，如果理性的訴求不能獲得有效的迴應，而台塑依然一意孤行，硬行闖關的話，一場為保護生存天空的抗爭勢將永久持續下去，屆時兩敗俱傷，徒為親痛仇快而已，王董事長能不三思？

北美洲宜蘭鄉親反六輕支援會第一階段連署名單

加州（加利福尼亞）
李素秋（宜蘭市）
林哲雄（宜蘭市）
林幸雪（宜蘭市）
李賢群（宜蘭市）
李錦春（宜蘭市）
林美麗（宜蘭市）
游昭美（宜蘭市）
林明妙（宜蘭市）
陳瑞治（宜蘭市）
黃國鑫（宜蘭市）
祝玉芳（宜蘭市）
陳　郁（宜蘭市）
陳振榮（宜蘭市）
陳廷聰（宜蘭市）
陳進忠（宜蘭市）
趙珠蘭（宜蘭市）
余榮昌（羅東）
游武雄（羅東）
林洪楷（羅東）
林涵雲（羅東）
游哲男（羅東）
黃淑芳（羅東）
林治安（羅東）
林上雲（羅東）
楊淑卿（羅東）
林青青（羅東）
黃玉貞（羅東）
黃長清（羅東）
游春雄（羅東）

德州（德克薩斯）
郭美卿（宜蘭市）
陳麗貞（宜蘭市）
吳明珠（宜蘭市）
郭時湘（宜蘭市）
簡忠松（五結）

紐澤西州
李汝城（宜蘭市）
江作舟（宜蘭市）
陳清益（宜蘭市）
趙哲明（宜蘭市）
蔡佳諭（宜蘭市）
吳君瑩（宜蘭市）
林忠勝（宜蘭市）
黃玉桂（冬山）

明尼蘇達州
楊田信（宜蘭市）
黃美秀（羅東）
黃佩芳（五結）
林淑華（蘇澳）
簡惠娜（員山）
簡康雲（員山）
簡耀華（員山）
簡仁洲（員山）

喬治亞州
陳淑惠（宜蘭市）
陳瑛慧（宜蘭市）
陳右鳴（宜蘭市）
劉　惠（宜蘭市）
黃惠愛（宜蘭市）
陳偉仁（羅東）
蕭美娥（羅東）
陳恆義（羅東）

維吉尼亞州
郭惠卿（宜蘭市）
張信正（宜蘭市）
陳淑玲（羅東）
藍貴美（羅東）
陳慧容（羅東）
王春成（蘇澳）
遊進益（五結）

路易斯安那州
黃文雄（宜蘭市）
黃惠禎（宜蘭市）
黃怡慧（宜蘭市）
江德吉（羅東）
曾麗卿（蘇澳）

麻州（麻薩諸塞）
郭麗綿（宜蘭市）
李宏真（宜蘭市）
林義裕（五結）
林欽莊（頭城）
林秀娟（頭城）

伊利諾伊州
何潔雲（羅東）
王文雄（羅東）
林洪謙（羅東）
林靜娥（五結）

賓州（賓夕法尼亞）
陳美蓉（羅東）
陳希寬（羅東）
莊正偉（頭城）

佛羅里達州
廖惠澄（宜蘭市）
黃秀琴（三星）
林相喜（蘇澳）

紐約州
林伯崑（蘇澳）
張丁蘭（壯圍）
林進昌（壯圍）

威斯康辛州
吳初枝（宜蘭市）
陳宗憲（宜蘭市）

馬利蘭州
李界木（宜蘭市）
馮昭卿（羅東）

印地安那州
商文義（宜蘭市）
胡勝正（宜蘭市）

俄亥俄州
蘇美智（羅東）
吳宗義（五結）

亞利桑那州
邱恆德（五結）

德拉瓦州
康裕民（頭城）

密蘇里州
趙馥正（宜蘭市）

密西根州
林中雄（宜蘭市）

加拿大
林據敏（宜蘭市）
林碧玲（宜蘭市）
林哲夫（羅東）
呂秀蓮（三星）

附記：當反六輕的消息傳來，我們這一群遠離家鄉，散居在美、加各地的蘭陽鄉親，便積極連絡，展開連署，但由於事起倉促，土地遼闊，連絡不易，目前第一階段已有一〇四 名連署，第二波繼續進行中。

有錢出錢、有力出力，反六輕大家一起來　捐款郵政劃撥帳號: 1484292-8陳定南

為子孫惜福，本傳單使用再生紙　經費有限，敬請傳閱

六輕眞面目

無形殺手

⊙ 捍衛蘭陽系列四 ⊙

反六輕巡迴說明會

日期	星期		地點	日期	星期		地點
12月22日	六	晚6:30	頭城[illegible]活動中心 頭城大溪社區活動中心	31日	一	晚7:00	礁溪[illegible] 員山[illegible]社區活動中心
24日	一	晚7:00	頭城二城國小禮堂 頭城國中禮堂	元月一日	二	晚7:00	員山[illegible]寺（大湖[illegible]） 宜蘭市西關廟（西門[illegible]）
26日	三	晚7:00	宜蘭市[illegible]里土地公廟 宜蘭市[illegible]	二日	三	晚7:00	宜蘭市[illegible]路三清宮 宜蘭市進士里[illegible]公廟
27日	四	晚6:30 晚7:00	壯圍[illegible]活動中心 員山內城三元宮	三日	四	晚7:00	宜蘭市東村里土地公[illegible] 壯圍 公所禮堂
28日	五	晚6:30 晚7:00	壯圍[illegible]活動中心 礁溪[illegible]國中禮堂	四日	五	晚7:00	員山[illegible]社區活動中心 [illegible]土地公廟
29日	六	晚7:00	礁溪[illegible]三星宮 宜蘭市慶和廟	六日	日	下午 2:00	宜蘭市縣立體育館
30日	日	早9:00 晚7:00	宜蘭市老人館 宜蘭市新生國小 員山鄉公所前				

宜蘭比後勁還悽慘

三年前，王永慶投資400億的六輕廠計畫，在蘭陽民意的怒吼聲中狼狽而逃。三年後的今天，六輕死而不殭，更挾着軍人內閣的淫威，不但增資到800億，還附帶一座240億，令人聞之色變的煉油廠，以及相繼而來的七輕，一起大舉回頭。在環境惡徒、污染之神王永慶這種超世界級重污染石化工業可能來臨的衝擊下，身爲這一代的蘭陽子民若仍不知覺醒，挺身而出做最激烈的抗爭，則200年來蘭陽先民死守的這一塊世外桃源，將化爲烏有。

所謂六輕，就是台灣第六座輕油裂解廠。輕油是原油提蒸餾至40～200℃所收集到的油。本來六輕計畫所用之原料輕油必須向外國購買，但王永慶爲圖更大的私人利益，輕油也要自己提煉，將來如果實現，輕油裂解廠的危害外，加上煉油廠的可怕污染，不出十年，宜蘭遭受的禍害將比高雄後勁更加悽慘。

新的六輕廠計劃，每年其主要產品乙烯，由原計劃的年產45萬噸，擴增爲60萬噸，另外中下游工廠也由原計劃的二十餘廠，激增到三十多廠，預估其總污染量也會增加到原來的一倍半，若再加設煉油廠，則其總污染量，將難以估計。至於六輕會製造那些污染，其危害程度又如何？由於新的六輕廠詳細資料尚未曝光，暫以三年前六輕規模，概略估計如下：

一、致命的死亡空氣

六輕帶來的空氣污染主要有懸浮微粒、硫氧化物、氮氧化物、碳氫化物和其他逸散性的有毒氣體，假如發生意外，劇毒性氣體如光氣、氯氣等也會大量洩漏出來。茲僅就其中幾種氣體對人體之危害列表敘述如下：

氣體種類	數量（每年）	對人體之危害
硫氧化物	近2萬公噸	1.刺激人眼黏膜，畏怕光，咽喉發炎疼痛。2.刺激鼻腔、支氣管，導致水腫，呼吸困難等呼吸道疾病，死亡率增加。
氮氧化物	約5千公噸	1.對眼睛黏膜及呼吸道之損害比硫氧化物嚴重，更易引發肺癌及皮膚癌。2.神經系統及造血系統之損害，造成[illegible]無力、痙攣、窒息、甚至死亡。
碳化氫	不易估計	1.中樞麻痺、視覺障礙、視覺不明、頭痛、嘔吐、肺水腫、全身痙攣。2.如果高濃度將致昏厥、死亡。
光氣	意外時洩漏	1.濃度極低時會損害肺部，危及生命。2.濃度高於百萬分之九十時，將迅速致命。

六年前，一家在印度的美商化學工廠毒氣外洩，造成2599人死亡及五十二萬人嚴重傷殘，許多人更不幸永久失明，更造成無以數計的家畜死亡。資料顯示，波帕大災變，主要毒氣成毒物中，除氰酸、異氰酸甲脂外，光氣是另一可怕的致命劇毒。而六輕計畫中，擬生產的聚碳樹脂（PC）製程就需要用到光氣，萬一地震或操作不慎，光氣外洩，宜蘭人必將難逃大難。

二、毀滅家園的酸雨

六輕廠排放出來的二氧化硫、一氧化氮會溶解在水中，產生硫酸和硝酸，當下雨時，雨水中就含有稀硫酸、稀硝酸，就是俗稱的酸雨。酸雨降落地表，會使土壤酸化，礦物質流失，森林損害，農作減產、枯死等。匯流入河川、湖泊，會使水質酸化，改變水中生態，此外還會加速金屬氧化，建築物變黑。就以台化龍德廠爲例，附近消防栓鏽蝕、高壓電線、鋼架建築，均已嚴重腐蝕，足見酸雨之可怕。

宜蘭地形封閉，雨量豐沛，風向固定，六輕廠每年排放出18,557公噸的硫酸，及5,089公噸的硝酸（兩者均以三年前原六輕廠之評估），一旦夾著大量的雨水，普降蘭陽地面，則土地死亡，水質敗壞，森林枯死，上從南湖大山、三星山、太平山，下至平原十二鄉鎮市，不論農、林、漁、牧、工、商百業，都將無法逃避酸雨的侵蝕，到時連世居此地的宜蘭人也要棄守家園，更不用談所謂的就業機會與繁榮地方了。

爲子孫惜福・本傳單使用再生紙　有錢出錢，有力出力，反六輕大家一起來！　捐款郵政劃撥帳號：1195766-1陳金德（借用「噶瑪蘭雜誌社」帳號）　經費有限・敬請傳閱

陳定南主導的「反六輕」是臺灣保護環境運動史成功的例子之一，為了保護宜蘭，不惜製作一波波的「覺醒」文宣，提醒在地的環境要靠當地人的保護。

會全盤扭曲宜蘭縣未來發展的方向。陳定南更考慮到蘭陽地區特有的畚箕狀地形，不易排散六輕所造成的污染。為維持宜蘭淨土，陳定南決定拒絕六輕進駐，為了向「四十萬個縣民老闆」負責，不惜與臺灣首屈一指大企業的「大老闆」對抗。

他的反對，自然又引起一陣波濤喧騰。除了來自中央、地方民代各方面的壓力，更沉重的是，宜蘭長久以來缺乏大型工商業，發展遲滯，民眾強烈期待大企業帶來的工作機會。陳定南為了故鄉土地的永續經營，堅決反對六輕，也拒絕了六輕可能帶來的所有「即效性」利益，展現出驚人的道德勇氣和毅力。

陳定南和六輕的對抗，時間長達六年。為了徹底推動反六輕，抵擋來勢洶洶的台塑集團，陳定南展開一連串有計畫的行動，發揮企業界實事求是的精神，一方面以政府的區域計畫為立論基礎，一方面動用學術和環保界的關係，深入蒐集研究六輕案和台塑相關企業的污染情形。

抗爭的六年間，台塑不斷挾其龐大的資源，對地方各界誘之以利，形成陳定南的壓力。陳定南不僅要面對「台塑企業」，更要面對與台塑利害與共的在地企業，甚至民意代表、地方勢力，因而引來忌恨和不滿。但他深知六輕是高污染工業，不適合宜蘭，秉持這樣的理念，他不計個人前途和處境，堅持反對到底，甚至延續到他任職立委時亦不曾鬆懈。

在〈給台塑企業王永慶董事長的公開信〉一文中，陳定南十分明確地表示：「只要對宜蘭縣有益就歡迎；對宜蘭縣無益就不歡迎」的立場從未動搖。信中直指王永慶雖為國內最大企業的領導人，卻過於急功近利，「炒短線」的作風辜負了本身的才華與實力。陳定南堅信並堅持「發展經濟絕不能以自然資產作為代價」，在計畫推動時應將眼光放遠，作階段性的規劃。

「貴企業最近一再誤導我們反六輕為反工業、反繁榮，事實上，我們只是反對污染，我們不反對工業，我們更歡迎繁榮。」信中義正詞嚴、態度堅定。他毫無畏懼地指出王永慶在推動六輕時不擇手段、粉飾太平的商人性格，包括對防治污染的空口承諾，對促進地方就業機會的華麗渲染以及對六輕工業殺傷力的掩飾漂白。陳定南句句鏗鏘、不卑不亢，然而，如此絲毫不留情面的直言也激怒了王永慶。

與王永慶的電視辯論

一九八七年十一月，《新經濟》週刊採訪陳定南反六輕的報導出刊，王永慶抗議其未平衡報導，週刊方面遂有了電視辯論的建議，雙方都欣然答應。於是便由《新經濟》與華視新聞廣場節目合作，於十二月十三日播出陳定南與王永

1. 陳定南綁上布條、站上廣播車，不厭其煩的向宜蘭鄉親們聲嘶力竭的解說六輕建廠將帶來的災害。
2. 一九九〇年十二月一日，陳定南（左下）率眾前往臺北台塑總公司門口，要求遞交〈給台塑董事長王永慶的公開信〉。

一九八七年十二月十三日，陳定南（右）參加李濤（左）主持的華視新聞廣場節目，與台塑企業王永慶（中）董事長在電視上公開辯論。

慶的公開辯論。

在錄影之前，陳定南先看過了節目主持人李濤提出的問題，認為電視臺太偏袒台塑，堅持修改題目，否則拒絕出席。在辯論會中陳定南指出，宜蘭縣不歡迎六輕的首要理由是跟宜蘭縣的長遠發展衝突，上級政府如果允許六輕來宜蘭設廠，即是違反行政院經建會和內政部先後訂頒之「臺灣地區綜合開發計畫」、「臺灣北部區域計畫」。

宜蘭縣政府根據上述兩項計畫，在臺灣省住都局協助下，擬定了「宜蘭縣綜合發展計畫」，除了落實宜蘭縣農業生產區和地方資源型工業之外，發展觀光業是一個主要方向。第二個理由是因為宜蘭縣地形封閉，污染非常不容易排除，不堪高污染工業的運作；第三個理由，則是宜蘭縣產業結構特殊，海洋生態和漁業資源不容破壞。

在陳定南提出的反對理由中，表現出相當特殊、極具「陳定南風格」，他的反對並不單純只為了堅持環保、反污染，而更拿出法條作為強力的立論基礎：因為六輕若在宜蘭設廠，就會違反「臺灣北部區域計畫」，而這項計畫是根據臺灣國土規劃最高法律「區域計畫法」訂出來的。據此，陳定南說反對六輕「只不過是替國家維護法律的尊嚴。」這就是所謂的「陳定南風格」，以法學出身的背景「依法行政」，同時在「守法」的原則下進行最大的突破和創新，挑戰腐敗的人情、體制。日後陳定南擔任立委，某次在立法院總質詢，聽到行政院長郝柏村表示「區域計畫不是法律」時，不禁感到「十分驚駭」。他難以相信郝柏村身為堂堂閣揆，民主法治的素養竟如此低落。

這場電視辯論，陳定南事前早已做足了準備，提出各種數據、資料，直接指出六輕對環境的種種傷害以及台塑缺乏誠意，全程抱著堅定、毫不退讓的立場和態度，讓王永慶在中場休息時失控大罵陳定南「沒修養」、「沒人格」，差點拂袖而去。

節目播出後，各媒體均大幅報導辯論內容，小縣長對抗大老闆的激烈交鋒引起社會各界的熱烈討論。原來只是一個縣市的區域發展問題，竟演變成全國關注的大新聞。這一辯，也徹底掀起宜蘭縣民的反六輕意識，吸引了各級民意代表先後投入，從地方到中央，從民間社團到政府機關，全縣的環保戰爭於是風起雲湧地展開。

一九八八年八月廿九日，宜蘭縣民包了八部遊覽車赴經濟部抗議，晚上並在羅東冒雨遊行。十月三日，台塑只能宣布放棄六輕在宜蘭設廠計畫。

這回台塑可真是踢到了一塊大鐵板，據傳原本台塑對於設廠宜蘭是志在必得、信心滿滿，甚至有一位高層主管曾在一聚會場合拍胸脯保證說：「沒有問題，不相信臺灣沒有一位縣市長是不能用錢『擺平』的。」王永慶更撂下狠話：

「看你這個陳定南還能做多久！」最後氣得遠走美國。

六輕捲土重來

一九八九年底，陳定南兩任縣長屆滿卸任，隔年郝柏村擔任行政院長。在這人事轉換之際，台塑在宜蘭設六輕計畫果然捲土重來，似乎等著陳定南這個把關「門神」一走，便要故技重施「擺平」宜蘭人。

不過，陳定南卸任縣長後接著高票當選立委，依然對六輕問題十分關注。一得知台塑又開始有所行動，不因不再是縣長就撒手不管。在宜蘭環保人士的催促下，陳定南於一九九〇年十一月公開向立法院請假，決定回宜蘭捍衛鄉土，展開抵抗行動。他為此來回奔波，親自在宜蘭、羅東市場遊街、散發「反六輕」傳單，甚至疏忽身體狀況，一度嚴重脫水，但稍事休息後又馬上歸隊，繼續奮鬥。

陳定南在短短一週之內，號召三千位群眾搭乘五十輛遊覽車北上到經濟部請願，並到台塑公司示威。陳定南指出，這次六輕重返宜蘭，不比三年前，除了第六輕油裂解廠之外，煉油廠更將接踵而至，當時高雄後勁地區已經烏煙瘴氣，一旦六輕登陸宜蘭，宜蘭的污染勢必比後勁還嚴重。十二月一日，在羅東

今日臉譜
吃完藥再衝刺
宜蘭：「宜蘭反六輕組織」召集人陳定南立委，為了帶動反六輕風潮，連日來不斷演說，連喉嚨都快受不了，在演講會場上當衆喝藥，六輕之戰顯然比選戰辛苦多了。
（圖文 王秋[illegible]）

決意走上街頭保護宜蘭的陳定南，被媒體記者拍到「喝藥的英姿」。

舉行反六輕大遊行，當天參加的民眾超過一萬四千人，創下歷史紀錄。

十二月五日，陳定南給王永慶的公開信見報，兩人於是展開筆戰。王永慶以宜蘭縣工作機會缺乏、人口外流為由，認為六輕的設廠是為此問題帶來解決的機會，有助於宜蘭的發展，同時他保證在環保方面會達到標準，如未達到則不開工。而陳定南依舊緊咬台塑集團的「輝煌紀錄」——例如被當地譽為模範工廠的美國德州廠，「污染程度之高，導致一年被罰款超過美金八百萬元」予以反擊。並且，他堅持主張宜蘭的發展，並不在於解決一時的就業問題，而在永續經營。

為了六輕，陳定南甚至與當時總統李登輝發生正面衝突。

是年十二月某日，陳定南聽聞李登輝總統當日到桃園縣觀音鄉參觀，隔天將到宜蘭利澤工業區參觀，接著便要正式宣布六輕預定地。第二天他便在半路「攔截」李登輝，包括當時的黨祕書長宋楚瑜，一行人臨時決定在羅東鎮公所晤談。坐定後，陳定南便開門見山地問李登輝：「請問李總統來宜蘭是為六輕嗎？」李登輝說：「不談這個，今天不談六輕。」但是陳定南並不鬆懈，仍舊窮追猛打：「宜蘭地形特殊，北部區域計畫是政府訂的，政府自己不守法，如何叫國民守法？」講得李登輝非常不悅，當眾拂袖而去。

直到一九九一年中，政府宣布六輕在雲林設廠，宜蘭人的夢魘終於解除。

反六輕說明會吸引人潮

群衆並踴躍捐獻　捐款達48萬餘元

（記者林松柏宜蘭報導）「宜蘭縣反六輕組織」前兩天所舉辦的四場公開說明會，吸引了六千多位縣民熱情參與，並且踴躍捐獻，捐款達四十八萬八千餘元，主要幹部精神受到很大的鼓舞，倍增反六輕成功的信心。

在說明會場，陳定南立委要提供冬山河美麗風光照片義賣，每幅兩千元，上有陳定南題款簽字，群衆反應非常熱烈。

會場上同時提供反六輕組織廿六日記者會的錄影帶及特別製作的「大步跨出反六輕」錄影帶，並有徐石閔夫婦栽培的未受污染水耕蔬菜義賣，每把五十元，所得全數捐給反六輕組織，會中有人以五百元買下一把水耕蔬菜，表達支持之意，也有熱心民衆表示，如果沒有義賣完，願意全數買下，分贈親友。

當游錫堃縣長、陳定南立委在台上大聲疾呼有錢出錢，有力出力時，縣長夫人楊寶玉及一群關心蘭陽環境品質的老師們，更手捧捐款箱站在會場門口及會場角落，頻頻向觀衆致意，呼籲民衆踴躍捐款，反應十分熱烈，熱情感人。

二天四場下來，說明會當場捐款和義賣金額，總數為四十八萬八千零九十六元，羅東中正堂部份廿二萬九千一百五十元，多山國小禮堂四萬七千零九十六元，宜蘭市光復國小十三萬九千一百卅八元，五結利澤簡媽祖廟七萬二千七百一十二元。

「宜蘭縣反六輕組織」昨天特別呼籲，反六輕運動需要全縣各界各業共同參與、關心、投入、回應，尤其十二月一日赴台北經濟部及台塑大樓的陳情、抗議，更需要龐大的人力參與，才足以展現堅決鮮明的反對實力，近日來，從日本專程返國的省議員劉宗成從省議會、宜蘭兩地奔波，十二月一日將擔任總指揮，他希望宜蘭鄉親拿起電話聯絡居住台北的親戚朋友一起去陳情、抗議，十二月一日早上九時三十分，在福州街經濟部陳情，十一時起敦化北路台塑大樓抗議，希望大家一起站出來，為保衛我們的鄉土，付出心力。

1. 「反六輕說明會」報導。
2. 雖面對嚴酷的考驗，但陳定南的信心沒有一絲動搖，凡事親力親為，舉辦多場說明會，也常率領有志之士在臨時辦公室挑燈夜戰、研擬對策。

陳定南號召宜蘭在地鄉親三千人北上經濟部請願、到台塑集團示威抗議後，於羅東舉行「反六輕大遊行」，預估當時約吸引一萬四千多名已具有環境保護意識的民眾參與，寫下歷史新頁。

06
踽踽獨行的國會典範

不搶短線的陳立委

一九八九年，陳定南卸任宜蘭縣長，並於年底選上立法委員。由於不躁進、不搶短線、不炒新聞，使得他在媒體上的曝光率大大減少，比起當縣長時的鋒芒畢露相差甚遠；政治舞臺從宜蘭移至臺北，身處人人爭著出鋒頭的喧鬧國會中，陳定南顯得低調沉潛。

其實，在兩任縣長任期屆滿後，陳定南一度打算退出政壇。他在《商業週刊》的採訪中表示：「最有可能的發展是出國進修，一方面為自己充電，另一方面也可使小孩子免受臺灣教育方式的折磨。」不過，當時的立委選舉，黨外陣營評估宜蘭有與國民黨抗衡、拿下兩席的實力，陳定南政績斐然、深受愛戴，被視為最佳「王牌」。他便被勸進參選，而前後連任了四屆。

在立法院的政治生態中，陳定南是難以受到矚目的，他的背景過於單純，不迎合任何人或團體。絕大多數立委緊抓新聞焦點、作秀式的質詢與發言，更令他非常不習慣。他從不和眾人一起排隊搶發言登記，並且認為「這不像國會」，因此有時候甚至連發言機會都沒有，即使如此，他仍說：「我不會跟人搶麥克風，也不會改變風格。」

不出鋒頭，見報率銳減，陳定南依舊堅持以自己的方式做事。在立法院經常可以看到他手抱大疊資料、行色匆匆的身影。他能夠不被趨勢左右，能不厭其煩地向各官員推銷理念。他選擇公共政策和預算審查為問政重點，專注於自己關注的議題並孜孜矻矻地深入調查、推廣。

從三件事，可以證明陳定南在立法院問政的擇善固執。

第一件事是對總統府預算的把關。當民間的李登輝情結仍然濃烈時，他即大肆抨擊總統薪水、特支費偏高、養老的國策顧問太多，要求適度刪減。而且幾年下來，從未鬆手。

第二件事是興建北宜高速公路事件。當宜蘭選出的另一位立委林聰明堅持要行政院原來編列的十億元預算全數通過，陳定南堅持在國庫困難的情況下，交通部應先確定八十三年度施工所需花費，以免造成浪費。寧冒被宜蘭鄉親誤會的風險，一時為他帶來不少困擾。直到後來宜蘭縣民知道，北宜高是陳定南當年率先要求興建，並不斷致力推動，才明白陳定南絕無阻礙宜蘭發展的意思。

第三件事則是一九九三年，第二屆立法院行使閣揆同意權，民進黨團決定五十一位成員中卅四位進場投反對票，十七位幹部棄權，陳定南則在投下反對票之餘更署名以示記名投票立場，留下歷史性的一張廢票。

陳定南的政治潔癖在立法院顯得獨樹一格，不但發言質詢按照自己的步調、不搶鏡頭，行政部門或立委之間的交際應酬也不參加，只有葉菊蘭、戴振耀等

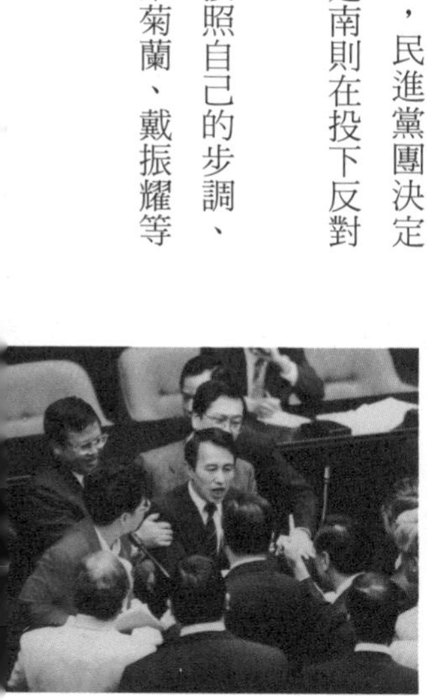

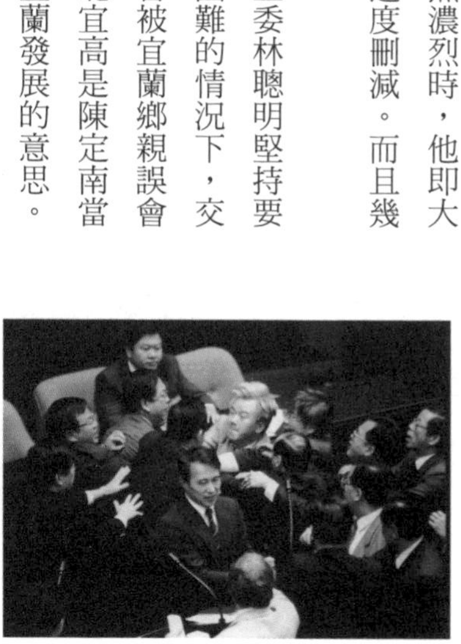

一九九六年陳定南（中間面對前方者）擔任民進黨預算召集委員時堅守發言臺，抗議全院聯席委員會審查總預算不符程序規定。

1

2

3

1. 陳定南（左）問政不抄短線，不搶鏡頭，提案幾乎自己擬稿，不假手助理。問政犀利，聘用眾多助理的陳水扁（右）在旁觀察陳定南獨特的草擬提案過程。
2. 陳定南（左一）一九九〇年五月在中正紀念堂靜坐抗議軍人郝柏村組閣。
3. 一九九六年，有史以來第一次開放總統民選，陳定南（右一）挺身為林義雄（左二）助選。然初選鎩羽，是役由彭明敏勝出代表民進黨出戰李登輝。

立委和他有話聊。他凡事不假手助理，臨時提案自己寫，甚至連預算書都親自動手分類貼標籤。不過，看似獨斷獨行的陳定南，也相當具有團隊精神，配合度很高，黨團分配他去哪個委員會，他就去把關，而且保持最高的出席率。審查預算時，陳定南總是在會場裡埋頭按計算機，一筆一筆核算，為人民看緊荷包。

總是堅持走自己的路，不願依附任何外在勢力，陳定南在連任第二屆立委時，仍堅持不加入民進黨，招致部分黨員責難。不過，從他主持查賄小組，以及在初選脫穎而出獲提名角逐省長來看，顯然立法院並不是他的最佳舞臺，他適合在更高的位置施展長才。

四百年來第一戰

一九九四年，首次實施省長民選，在臺灣政治史上標記了一個新的里程碑。當時正是民主思想風起雲湧的關鍵年代，不管對長期壟斷臺灣政治的國民黨或是代表政治覺醒的民進黨而言，這次選舉都具有相當重大的意義。為此所做的布署，則可追溯至一九九三年。

作為一位省長，民眾選擇的首要條件是政策執行能力；必須具備相當的行政經驗、企業經營、管理理念及實務經驗才能勝任。當時的臺灣省政府已有如一部老舊的機器，弊端重重、效率低落，需要一位魄力十足的首長來推動改革。而從事省政革新的首長，首先必須擺脫政黨包袱，且沒有利益掛勾。當時陳定南對於自己的資歷和能力相當有信心，包括「宜蘭經驗」、「冬山河傳奇」都是他執政成績的最佳證明，而從政之前十四年的工商界經歷，更足以說明他具備各方面的能力。

不過，光憑實力是絕對不夠的。

面對即將來臨的省長選舉，當時的民進黨黨主席施明德也認為，只有陳定南有實力與國民黨的宋楚瑜一搏，便極力說服他加入民進黨，以取得黨內參選資格。然而，陳定南一向排斥加入任何黨派，因為對他而言，只有「做對的事」才是唯一值得貫徹的，要在政黨上選邊站，將牽涉太多利害關係和政治算計，可能妨礙他做事。

原先他也不抱入黨的打算。

然而選省長不比選縣長，單靠他的「清白」——單薄的背景，根本不可能與龐大的國民黨體系抗衡。陳定南慎重考慮了數日，終於在一九九三年七月底，於大批支持者簇擁下，加入民進黨。

當時專程趕至宜蘭負責監誓的許信良形容，陳定南一人入黨勝過百萬黨員，

1

二陳加一張，綠色新希望
陳水扁 台北市長候選人
陳定南 台灣省長候選人
張俊雄 高雄市長候選人
民主進步黨
1994省市大選
福利大推動・文化大推進
政府大翻修・省市大翻新

2

四百年來第一戰
要將台灣變青天
四百年來，這塊土地的主人，
都沒有機會決定自己的政府。
四十年來，悲哀的台灣人，
都必須忍受官派省長的貪污腐化。
走過黑暗的歷史，是告別悲情的開始，
第一屆省長民選，承載著咱的希望：
清廉對歪哥
民間對宮廷　歷史性的決戰！
改革對保守
請大家一起來改寫歷史。
讓陳定南代表善良的台灣主人：
——整肅貪污，澄清吏治。
——打擊特權，對抗金權。
——改造政府，重建台灣。
告別悲情，走向光明
民主進步黨省長候選人
陳定南
讓台灣的政治
像冬山河一樣乾淨
花蓮縣競選總部：花蓮市博愛路239號
電話：(038)320123　傳真：(038)320128
省長選舉　募款郵政劃撥帳號：18222103　戶名：陳定南

3

4

5

6

1. 臺灣史上第一次開放省市長民選，民進黨推出（左起）陳水扁、陳定南、張俊雄，分別參選臺北市長、臺灣省長、高雄市長。
2. 因為有陳定南，才有宜蘭經驗，也因為有宜蘭經驗才讓民進黨找到落實從政理想的「清廉、勤政、愛鄉土」。省長選戰文宣仍持續這一訴求，博取選民認同。
3. 陳定南（左二）與夫人張昭義（左一），偕同當時搭擋副省長候選人蘇貞昌（左三）向民眾拜票。
4. 省長競選期間，問政理念相近的立委盧修一鼎力相助，圖為盧修一（右一）及陳郁秀（左一）與陳定南（左三）造勢場面。
5. 陳定南（左一）沒有派系奧援，沒有黨產及行政資源，只靠理念深入小巷或廟口，促銷改革省政沉疴的決心。
6. 陳定南（右邊綠色救生衣）與當時臺北市長候選人陳水扁（左邊綠色救生衣）以「再見碧水」相約，為淡水河立誓。

他更曾說過，陳定南「比民進黨還民進黨」。這代表陳定南的政治理念和抱負與民進黨其實是一致的，遲遲不入黨，主要還是個性和原則使然。尤其是在擔任宜蘭縣縣長任內，民進黨多次與陳定南接觸，但他擔心如此一來許多作法都要依照黨的指示，或甚至以黨的利益作為權衡重點，又要在人際關係的經營上勞心費神，造成縣政工作的分心，所以多次婉拒。

加入民進黨後，陳定南仍舊不改硬漢本色，貫徹鐵腕作風。一九九四年三月，民進黨中央指派他主持黨內縣市正副議長選舉檢舉賄選受理小組，沒有派系包袱的陳定南，在調查報告上嚴格認定有四十五名公職、黨職人員違紀，甚至對廿二名縣議員做出開除黨籍、移送法辦的處分建議，毫不留情，真正做到「鐵面無私」。這樣大動作自然引起爭議。一方面整頓風氣、斬草除根，一新民進黨的改革形象；然而也讓自己樹立更多敵人。當時的黨祕書長蘇貞昌就曾一語道破：「查賄案成就了民進黨，陳定南反而成了最大受害者。」

入黨未滿一年且無派系人脈的陳定南，卻在隔年獲得黨內跨派系的支持，與美麗島系的張俊宏角逐省長黨內初選。他提出「品管省政、改造臺灣」作為訴求。最後以一個百分點的差距，驚險贏得提名參選的機會。其實以他的資歷、背景和性格來說，都不算是最討喜的，何況查賄的動作更大大驚動了派系林立的民進黨內部，而即使如此，他仍獲得了提名的機會，可見大家對他抱有多大

左頁：為籌措選舉經費，發行「陳定南競選省長紀念券」。左右兩圖分別為五百元紀念券正面，五百元紀念券背面。

的期望，他的「完美」形象和「宜蘭經驗」如何深入人心。

「四百年來第一戰，要將臺灣變青天」是陳定南省長之役的競選口號，將這場選舉的歷史意義、本土意識和他的個人特質連結起來。在宜蘭主持縣政的成績是陳定南與國民黨競爭的最大利器，民進黨要用這來告訴臺灣人：非執政黨的縣長也能創造全國第一的縣政。

對於主持省政，陳定南相當自信。儘管全省廿一縣市版圖之大、事務之繁雜遠遠超過小小的宜蘭縣。但他認為，問題不在制度，而在於人。只要從「人」方面下手，便可將宜蘭經驗推行到全臺灣。省政府擁有更大的資源，更添他大展身手、躍躍欲試的企圖和信心，想循當初改造宜蘭縣政府那般改造臺灣省政府。

選戰開始，陳定南首先面對經費的問題。負責財務規劃的彭百顯評估所需經費約三億元，如此龐大的數字，陳定南當然沒有，民進黨中央也拿不出來。財務困難的消息一傳出，除了黨內安排了相關救急措施，積極對外募款，部分民間中小企業更慷慨解囊。經過一番努力後，仍然不足一億元。經由彭百顯提案、決策小組決議，競選本部於是年十月九日正式對外發行「陳定南競選省長紀念券」認購，宣傳兼募款，成了臺灣選舉史上的一項創舉。

和國民黨相比，民進黨能夠運用的資源實在太過缺乏，就連最實際的事務開

銷都幾度面臨斷炊，等於是在最不利的局勢之下奮力一搏，最終仍不敵國民黨陣營鋪天蓋地的攻勢。這場省長之役最終仍「革命尚未成功」，陳定南卻「雖敗猶榮」。因為這場選戰不但凝聚了臺灣的本土意識，也喚醒臺灣人民長久萎靡消極的政治情感，為二千年首次政黨輪替打下了雄厚的基礎。而陳定南本身形象清新廉潔、政績卓著，也和國民黨的腐敗傳統形成強烈對比，為「政治人物」樹立了一個新的典範。多年後的今日，這場功敗垂成的選戰仍被人們所記得，難以忘懷。

陳定南的立委生涯，前後加起來超過十年，他始終不改其志，踏實、積極為這塊土地努力付出。雖然光芒不如以往耀眼，仍深獲肯定。一九九五年競選連任第三屆立委時，他獲得高達百分之五十五的選票，創下歷史新高。

一九八八年，獲《天下雜誌》選為臺灣歷史上最有影響力的五十個人物之一。同年並獲社會大學未來領袖學院票選為「領航二十一世紀臺灣」的前五名立法委員。即使在他逝世六週年前夕，二〇一二年十月由多個青年團體共同推舉「臺灣永不放棄代表人物」網路票選，陳定南榮列第三名。

07 鐵面青天・黑金剋星

黑金，我們來了！

二千年，陳水扁當選總統，臺灣有了第一次的政黨輪替。內閣全面改組，當時屬意陳定南接掌的部會很多，他婉拒了交通部、內政部長的職位，因為這兩個部會牽涉到龐大的利益分配，行政裁量空間也很大，法務部相較之下單純得多，也正好可以發揮自身所學。因此在四月十四日會見唐飛後，陳定南隨即自撰〈敬表受命，出任法務部部長〉一文，公諸立法院，並傳真法務部，告訴大家，他將入主法務部。

「今後一定竭盡所能，全力以赴。」出掌法務部，陳定南一如既往懷著雄心壯志，一心想要做出一番好成績，將掃黑、查賄、肅貪等長久以來少被貫徹的法務政策，徹底落實。

陳定南很快就展現出一如既往的積極和行動力。就職第四天上午，就以超高效率，向行政院院會提出「掃除黑金專題報告」。接著，在下午主持的第一次部務會報交代，檢察官打擊犯罪應由單兵作戰改為團隊辦案，十分進入狀況。同年七月，在高檢署成立「查緝黑金行動中心」，下設四個特偵組。九月，在法務部矯正業務研討會，要求所有監、院、所、校要顛覆教條、跳脫傳統，革除獄政積習。

一連串動作不僅要強化法務部業務的效率和確實，更進而表達他個人的價值觀；在隔年四月底的檢察首長交接暨宣誓典禮上，陳定南公開譴責少數檢察官辦案時踐踏程序正義，呼籲「莫使尚方寶劍成為新的體制暴力」，並且要求所有檢察官應該「承受孤單、忍耐寂寞、簡化人際關係、減少無謂應酬。」

陳定南的期許當然早已遠超過現實標準，但這正是他心目中最理想的狀況，雖然就整個現實環境而言難以達成，但他個人卻是身體力行，同時不停地朝向這個目標努力邁進。

亞洲的 Elliot Ness

部長任內，身為內閣成員之一的陳定南不僅盡其職責，在外交上的貢獻也相當值得肯定。首先，他大刀闊斧整肅風紀，受到國外媒體的關注。二〇〇〇年九月，亞洲華爾街日報肯定其掃除黑金的決心和績效，將陳定南比為 Elliot Ness（聯邦密勤局幹員、美國黑金剋星）。二〇〇一年底，由於強力督導查賄，使第五屆立法院減少廿多位黑金立委，英國倫敦金融時報公開讚揚，是次選舉為臺灣有史以來最乾淨的選舉。

陳定南（右）在時任行政院長唐飛（中）監交下，在前任法務部長葉金鳳（左）手中接下法務部印信。

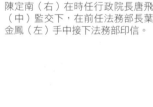

簽訂臺美刑事司法互助協定

陳定南本身對拓展國際關係也相當重視。在他部長任內，有兩大國際司法合作政績，一是促成臺美簽訂「刑事司法互助協定」，之後陳定南親赴美國，與當時司法部長 John Ashcroft 在司法部會面，就雙方的司法互助及合作打擊犯罪事務，進行廣泛性會談。這是臺美斷交廿幾年雙方司法部門最高層級官員的公開會晤，也代表臺美關係的重大突破。

之後，陳定南更與美國哈佛、耶魯兩所大學的法學院達成合作共識：每年由臺灣派檢察官赴該大學做訪問學者交流計畫。不僅為國家培訓國際司法業務人才，更擴展了我方與美國法界的關係。

另一項重大政績，則是簽署不會讓汪傳浦在臺死刑的書面保證，促成瑞士同意給予我方拉法葉案重要關係人汪傳浦家族在瑞士的帳戶資料。臺灣和瑞士並無邦交，也未簽訂任何國際合作協定，瑞士卻願意在個案上與我國合作，而陳定南在部長任內，也簽署願在個案上給予瑞士政府同樣互惠互助的承諾。這在外交意義上的重要性不可小覷。第一次政黨輪替，加上朝小野大的混亂局面中，陳定南的民調始終居高不下，更為民進黨執政的內閣帶來一股清新暖流。

翻看陳定南的手稿：「將結合全民力量，強力肅貪，以釜底抽薪方式，正本

陳定南（右二）在法務部長任內全力緝毒成果豐碩。

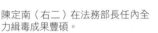

清源」、「揪出政府部門與黑金掛勾的少數害群之馬，斬斷裡應外合的利益輸送帶，以端正風紀，澄清吏治，再造公務員的職業尊嚴與榮譽，重建政府公正廉能的形象，來挽回全體『頭家』對政府的信心。」這些文字不是檯面上公開的宣言，而是他堅定不移、至死方休的抱負。然而，陳定南這種強烈而鮮明的政治俠客性格，導致和他的上級「漸行漸遠」，陳水扁政府從此喪失了內閣最有力的防腐劑。

二〇〇五年一月卅一日陳定南（左二）卸任法務部部長，檢察官林麗瑩（右一）在歡送會中，公開感佩陳定南「不干涉個案」及「抑濁揚清」，必在檢察史上留下清名與不可動搖的地位。

THE ASIAN WALL STREET JOURNAL.

Dow Jones Publishing Company (Asia), Inc.
G.P.O. Box 9825, Hong Kong

Rm 623, Chih Ching Bldg
209 Sung-Kiang Road
Taipei, Taiwan
Phone:(886-2)2505-1206
Fax: (886-2)2509-7939

Russell Flannery
Taiwan Correspondent

Taiwan's Quiet Crusader Is Making a Big Noise

DPP's Future Is Tied to Chen's Antigraft Drive

By RUSSELL FLANNERY
STAFF REPORTER

TAIPEI – Taiwan has been waiting more than a half-century for something dramatic to be done about alleged official corruption. But now that the day of reckoning seems finally to have arrived, many on the island are losing their nerve.

Investors in recent weeks have sent Taiwan stocks down steadily following news that some of the island's top politicians have been caught in the dragnet. Among them are Yiu Huai-yin, a legislator and financial-industry executive who has been convicted of stock manipulation, and Lin Jui-tu, a muckraking lawmaker who now faces charges of influence peddling.

But one person who hasn't shied away from the fight is the man leading it, Justice Minister Ding-Nan Chen. The political stakes for Mr. Chen's crusade are high. President Chen Shui-bian's pro-independence Democratic Progressive Party won the election with just 39% of the votes, and triumphed in large part because of widespread public disgust with perceived coziness among the Nationalist-led government, big business and organized crime. The justice minister's success – or failure – will be a key measure of the track record of Taiwan's first DPP government in legislative elections at the end of next year.

Ding-Nan Chen

At first glance, Ding-Nan Chen seems an unlikely figure to head this island's most sweeping attack on high-level graft. The wiry 56-year-old Mr. Chen speaks with a striking softness.

But Mr. Chen has few rivals at articulating the public disillusionment with Taiwan's justice system, a distaste that helped thrust President Chen to power on

PLEASE TURN TO PAGE 28, COLUMN 5

1

2

3

1. 二〇〇二年七月十二日，陳定南拜會美國司法部長 John Ashcroft，是臺美斷交後，我國司法外交的最重大突破。
2. 二〇〇二年七月拜訪哈佛大學法學院院長，達成同意接納我國檢察官入學研習。
3. 二〇〇三年十月獲邀到加拿大國會司法委員會，並將陳定南蒞會演說全文，列入國會紀錄。

右圖：二〇〇〇年九月十一日《亞洲華爾街日報》報導，將陳定南比擬為 Elliot Ness（聯邦密勤局幹員、美國黑金剋星）。

08
好為人師・鐵面柔情

集實事求是、不假辭色的「鐵面」，與待人如親的「柔情」於一身，表面看似矛盾，本質卻是一致。愛書成癖，即使臥病床榻仍不忘讀書；一隻手錶用了四十多年，一雙皮鞋穿到「腳踏實地」仍縫縫補補。從這些日常點滴，可以一窺陳定南質樸無偽的生活哲學。

陳定南的教師夢

陳定南心中其實對當老師相當心儀，對孩子的教育投資也不遺餘力。他多次向孩子叮嚀：「我不會有很多的金錢財產留給你們，我會留知識財產給你們。」

雖然不富裕，對孩子的教育，陳定南卻毫不吝嗇。在小兒子小寶的記憶中，讀幼稚園的時候家中就已擁有顯微鏡、天文望遠鏡等器材。另外，陳定南也會自費為孩子組成家教班，形式類似英國的夏山學校，在家中小班教學，就算每月花掉好幾萬元學費也不心疼。陳定南甚至親自訂定課程，包括規定讀金庸小說時，須附帶背誦唐詩，每天要寫五十個英文字等。除此之外，也相當注重游泳、籃球這些體能活動。可見陳定南並非只重視學業成績，而是期待孩子多元、均衡的發展。

左圖：法務部長任內，接待部內員工子女導覽參觀個人書房，旁徵博引，現身說法，為孩童上一堂「讀書方法」課。

就連兩個小孩到加拿大讀書，陳定南還是不忘越洋叮嚀著「查英文生字的訣竅」、「唱歌學英文」、「做筆記不用像實錄」等學習方法。他教孩子，查字典時一定要使用四色原子筆，例如內文如果是黑體字，音標就要用紅筆書寫、字義則用綠色筆，因為這兩種顏色能和黑色形成對比，更加顯眼、有助於記憶。查英文單字要善用各色原子筆，讀文學作品的功課同理，陳定南教孩子，讀到優美辭句、成語時，要養成用螢光筆劃記的習慣，而且，「短線條用綠色、長線條用黃色」。陳定南本人經常使用黃色螢光筆，用黃色螢光筆做標記，在影印時不會顯示出來。

和陳定南熟識的人都知道，陳定南愛書成癡，他買書給孩子們也很大方，但是一定會先親自閱讀檢查，「安檢」通過後，才放心交給孩子。有一回，小寶念國小六年級時，對金庸的武俠小說引起興趣，陳定南原先擔心武俠小說內容有暴力成分，對念小學的兒子太血腥，於是自己特別先讀過，覺得內容無害，也具有娛樂性，便乾脆買下全套送給兒子。但是買書前，仍不忘要求小寶，看到成語或高明的修辭時，要記得劃記。

後來，小寶已經熟讀金庸的作品，但是螢光筆註記的工作卻只做了一部分。一般人對陳定南的要求是絲毫不敢打折扣的，可見孩子果真是他的罩門。連他自己也承認：「自己的孩子確實難教。」語氣充滿疼愛的無奈。

辰安与若維小朋友

想知道太陽公的年紀嗎？如何查出我們
居住的太陽系与銀河系有多大？答案都在
這套小百科裡面。趕快從今天開始，每天一課，你們
也一樣可以像愛因斯坦，或居禮夫人那麼棒。

陳定南伯伯送

2005年元月20日 法務部

1. 陳定南與夫人難得在立法院休會期間，到國外度假，過著淡雅的家庭生活。
2. 陳定南（左一）帶兒子參觀即將出廠的第一架波音 777 客機。
3. 欣賞華盛頓特區的建築與紀念物，只要到美國，這裡是陳定南最喜歡流連的地方。
4. 為了使宜蘭童玩節與綠色博覽會這兩個活動精益求精，陳定南特別在二〇〇五年七月底，率領幕僚到日本萬國博覽會取經，連續三天，每天出門十四小時，總共參觀廿七個館。

右圖：「想知道太陽公公的年紀嗎？」陳定南贈朋友女兒小百科上的題詞。

陳定南重視孩子們的均衡發展，從小便積極拓展他們的視野，除了先後送兒子小乖、小寶到加拿大念書，一有機會也會帶孩子出國旅遊。想當然爾，「陳式旅遊」絕非一般輕鬆的度假行程，「增廣見聞」才是陳定南的最大目的。

二〇〇〇年底，陳定南帶他們到英國倫敦跨年，不但事前詳細規劃好路線、挑選景點，一抵達倫敦，他便先讓祕書帶著兩個小孩外出逛街，自己則留在旅館內詳讀英國歷史、景點典故等，做足了功課，等他與孩子們一同觀光遊覽時，便親自充當導遊介紹，更自認自己的說明比臺灣駐英人員還深入。

他也很懂得將孩子們平常接觸的事物，融入知識性的行程。例如前往大英博物館時，在偌大的館區內，陳定南就先帶孩子參觀埃及文物區，因為那裏展有卡通電影《埃及王子》片中法老王拉美西斯二世的石雕像，如此更能加深印象。

二〇〇五年，陳定南帶小乖前往日本參觀愛知博覽會，為了參觀評價很高的日立館，花二小時四十分排隊也在所不惜。

對陳定南而言，教育不必墨守成規，也很樂於見到孩子有自己的想法。說到這裡還有一個可愛的小故事，有一次，大兒子小乖想要養狗，但是陳定南不允許，於是年紀還小的小乖便跑去問媽媽「抗議」怎麼寫，然後在家中舉著剛學會的「抗議」二字的牌子走來走去，陳定南為此驕傲不已，高興孩子很有堅持

陳定南（左）與大兒子陳仁杰（右）在日本愛知博覽會日立館（Hitachi）。

己見的精神，不但改變心意讓小乖養狗，還將那塊牌子收藏起來作為紀念。

小乖決定轉到加拿大讀書時，陳定南為兒子寫的介紹信中這麼說：「我的大兒子陳仁杰，十四歲，十分愛好體育活動，籃球打得相當不錯，像他這樣的孩子，加拿大的教育環境比臺灣要更適合他。臺灣的教育著重學科成績，長期以來已經扼殺許多有天分的青年。」他希望孩子能在適性之所快樂成長，卻不是過度的溺愛。小乖第一次出國參加夏令營，借宿友人家中，陳定南還特別寫信請朋友不要太過寵愛，要讓他勞動、幫忙家務，以培養獨立、勤勞的習慣。

從許多小事便能發現，對於家庭，他灌注以最大的精神和愛，在嚴肅、節制的外表下，他的心中充滿了熱情。

「好為人師」算是陳定南的另類特質，「當老師」可說是他一生未竟的理想。不過，這份沒能實現的理想，卻以另一種方式被落實了：那就是陳定南無時無刻的誨人不倦。

凡事追根究柢　涉獵龐雜豐富

從生活上我們不難發現陳定南的「學者」性格，做任何事他都追根究柢；只要接觸一件新事物，他便興致勃勃地去了解、去研究，無形之間養成了他的博

陳定南（左四）擔任法務部長時，到臺灣大學籃球場為打球的小兒子（左一）與大兒子（左三）打氣同歡。

希腊与羅馬神话12天神名称对照表

2003.9.10製

天神職稱	希腊神话	羅馬神话	与主神關係
主神(眾神之王)	Zeus 宙斯	Jupiter 朱比特	
海神	Poseidon	Neptune	兄弟
冥府之神(閻羅王)	Hades	Pluto	兄弟
灶神、家神	Hestia	Vesta	妹
天后(司婚姻与生育)	Hera	Juno	妻
戰神	Ares	Mars	兒
太陽神 司醫藥詩歌	Apollo	Apollo	〃
信使神	Hermes	Mercury	〃
火神(火与鍛冶之神 工業的保護神)	Hephaestus	Vulcan	〃
智慧与技藝	Athena (Pallas Athena 雅典守護神)	Minerva	女
美与愛之神	Aphrodite 隨從 Eros(兒子)	Venus 隨從 Cupid(兒子)	〃
月神(司狩獵的處女神)	Artemis	Diana	〃
司創作靈感、美術、文学、科学的九位姊妹	Muse		
農神	Cronus(Cronos)	Saturn	

希腊主神 Uranus → Cronus → Zeus (均被兒子篡位)
羅馬主神 Saturn → Jupiter

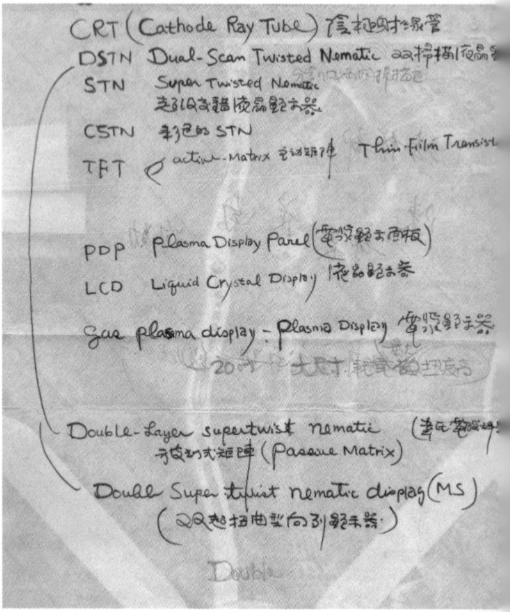

CRT (Cathode Ray Tube) 陰極射線管
DSTN Dual-Scan Twisted Nematic 雙掃描液晶
STN Super Twisted Nematic 超扭曲液晶顯示器
CSTN 彩色的 STN
TFT active-Matrix 主動矩陣 Thin-Film Transist
PDP Plasma Display Panel (電漿顯示面板)
LCD Liquid Crystal Display 液晶顯示器
Gas plasma display = Plasma Display 電漿顯示器
Double-Layer supertwist nematic
被動式矩陣 (Passive Matrix)
Double Super twist nematic display (MS)
(雙超扭曲型向列顯示器)

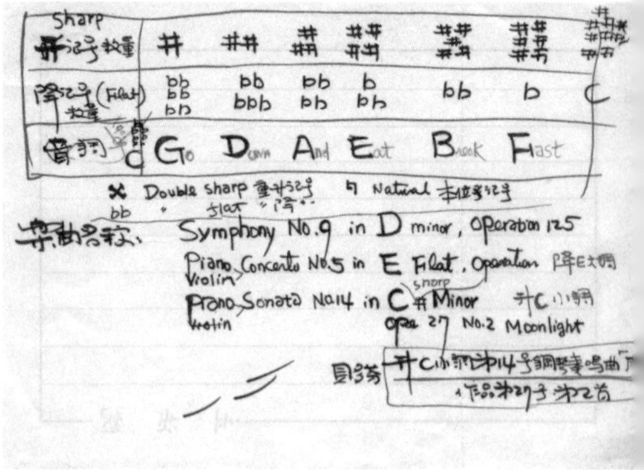

Sharp 升記号數量 # ## ### ####
降記号(Flat)數量 bb bbb bb b
音調 C G Go D Down A And E Eat B Break F Fast
✕ Double sharp 重升記号 ♮ Natural 本位記号
bb 〃 flat 〃降〃
樂曲名稱：Symphony No.9 in D minor, Operation 125
Piano Concerto No.5 in E Flat, Operation 降E大調
Violin
Piano Sonata No.14 in C# Minor 升C小調
Violin
Opus 27 No.2 Moonlight
貝多芬 升C小調第14号鋼琴奏鳴曲
作品第27号 第2首

上圖：陳定南即使貴為法務部長，仍然不忘求知，親手整理各樣的生活知識與現代資訊。

1. 在倫敦街頭，街角的紀念物，也以隨身的筆記簿記下重點。
2. 二〇〇二年美日之行，陳定南（左一坐者）參觀日本第一大相簿製造商 NAKABAYASHI 時，不忘討論研究。

學。舉凡文學、音樂、電影乃至烹飪、園藝、攝影等，他都具有豐富的知識並能夠發表自己的看法。

如果到別人家作客，他會很客氣地建議主人，什麼菜色要怎麼做才好吃、哪種肉買回來要急速冷凍以免細胞壞死。

談到古典音樂，他會提到自己如何將所有重要音樂家的作品整理成時間表，以便比較各個時期、樂風的差異，作為聆聽時的補充知識。

喝茶、喝酒、喝咖啡，都能引起他滔滔不絕的介紹；那是出自哪個產地的茶葉、咖啡豆，酒要如何品嚐、存放；如何料理才能喝到最佳風味，都是他津津樂道的。

除了環保、企管、法律等專業領域，幾乎上自天文地理、下至蟲魚鳥獸，他都涉獵，跟他接觸過的人，無不訝異於他所學的龐雜與豐富。

待下屬如學生　視議會像課堂

會有這樣的學養，主要因為陳定南是一個好學、用功的人，也十分熱衷於傳播知識。他曾經嚮往成為教師，了解這一點，我們便不難理解他那執著的「誨人不倦」。面對下屬，很多時候陳定南表現得更像一位嚴師，而非上司。他所給的指示和命令經常看似專制，其中卻有他自己的道理。在職場上沒有餘裕解釋，也常因為下屬表現得不好而變得暴躁、不留情面，但是私底下，他卻又表現得極其耐煩、甚至是不厭其煩。嚴格說起來，他的脾氣並不好，但是說理、教導卻有極大的耐心。

不僅是自己的下屬、員工，即使立場與其對立的人，也經常被他當成學生般對待。例如當年的宜蘭縣議會，有宜蘭地方人士就形容，這位前任縣長赴議會備詢的情景「像是在對小孩子上課一樣」，對於縣議員不友善的抨擊，他也能引經據典佐以實務經驗，不慌不忙地從容回應。

不管處在什麼樣的環境，不論是在追逐利益的商界，還是充滿複雜算計的政界，他不曾放棄以最堅定耿直的決心去教育身邊的人。在這個人文精神已逐漸式微的時代，他仍抱著對「人文」的深切期待，那就是，他始終相信要改善現況，就要從改變人開始，一旦改變了人，一切問題也會迎刃而解。在他的想法中，如果沒有經過完整教育、充分訓練的工作人員，即便有再完善嚴謹的法令和企管方法也無濟於事。

這就是陳定南與眾人不同的地方；因為他是如此深信「人」的價值、「人」的力量，這種價值有如承襲自西方歷史中、文藝復興或啟蒙時代的理想性，是一種永無止境的努力方向。也就是為什麼他對於任何人（包括他自己）永遠不會真正「滿意」，因為有著這種理想性的他，永遠在修正、在改善、在力求進步。

追求真相　樂此不疲

事實上，陳定南追求完美，經常指正別人的錯誤，難忍一絲偏差，都不是刁鑽的苛求，而是對於事物「正確性」與「真實性」抱有一種不可思議的堅持。這種堅持清楚地反映在他熱愛學習的習性上。

不論做什麼事，他都表現出無比的積極。出國旅遊要研讀歷史、文化知識，看到書上出現錯誤，便寫信告知出版社修正。其實，這些都不是外界以為的「龜毛」兩個字可以解釋的，而是為了更貼近「真相」。

舉例來說，關於英文稱謂的正確性也就曾被他研究一番。他在公文中示範：美國眾議員的正式頭銜是Representative of the House，口語簡稱為Representative；至於Member of the House of Representative，則是對在眾議院演講時的用語。因為做足了功課，所以陳定南對自己的用語很有信心，甚至對檢察官引用法務部所聘英文顧問的翻譯，表示「其非萬能，不可盡信」。

愛書成痴　至死方休

至於陳定南的「愛書成癡」，那更是他身邊的人都見怪不怪的事蹟了。他愛買書、愛看書，對於書本的興趣早已超過單純的「閱讀」需求，甚至到達「蒐集癖」的程度。張昭義就說，陳定南期盼自己成為一部活動字典（walking dictionary），這樣的他熱衷於知識的汲取，進而堆砌出坐擁書城的夢想。

陳定南年輕時曾經為了買書向老闆預支薪水。當時在東方廣告公司上班的他，遞給老闆的簽呈內容如下：「職嗜卷，每有良書未購，必耿耿於懷，今文星書局行將停業，前已傾囊括購中文圖書二百餘冊（三千元許），今擬續購英文典籍數十冊，奈何空空如也；伏乞賜准借支新臺幣二千一百元，以卻區區之願（好書心切，冒昧請求，尚乞鑑諒）。」

就算是出國，陳定南個人的「必逛景點」也是各地的書店和圖書館，尤其一定會到當地著名大學的圖書館看書，表現出來的狂熱和喜悅簡直猶如朝聖。好友李界木也說，有一回陳定南到美國《國家地理雜誌》總店，神情如入寶山，什麼都想買下。每當回國，他也必定扛回幾乎占滿整個行李箱的書籍，除了自己要讀的書，也會分送部屬、好友，好書共享，樂此不疲。

陳定南自己對書情有獨鍾，也經常以書本作為餽贈的禮物。在法務部時，就

坐擁書城是陳定南一生最大樂趣。走到哪，記到哪，從不放棄任何學習的積極態度。

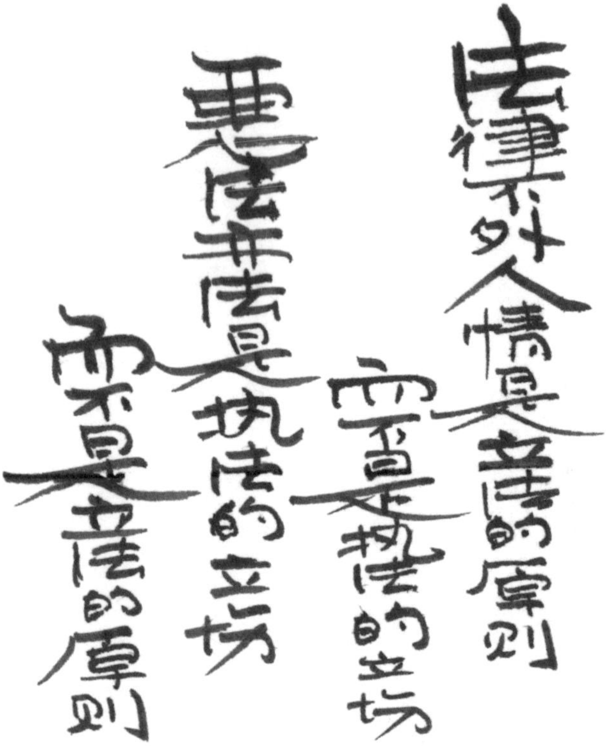

陳定南題：「法律不外人情是立法的原則，而不是執法的立場。
惡法亦法是執法的立場，而不是立法的原則。」

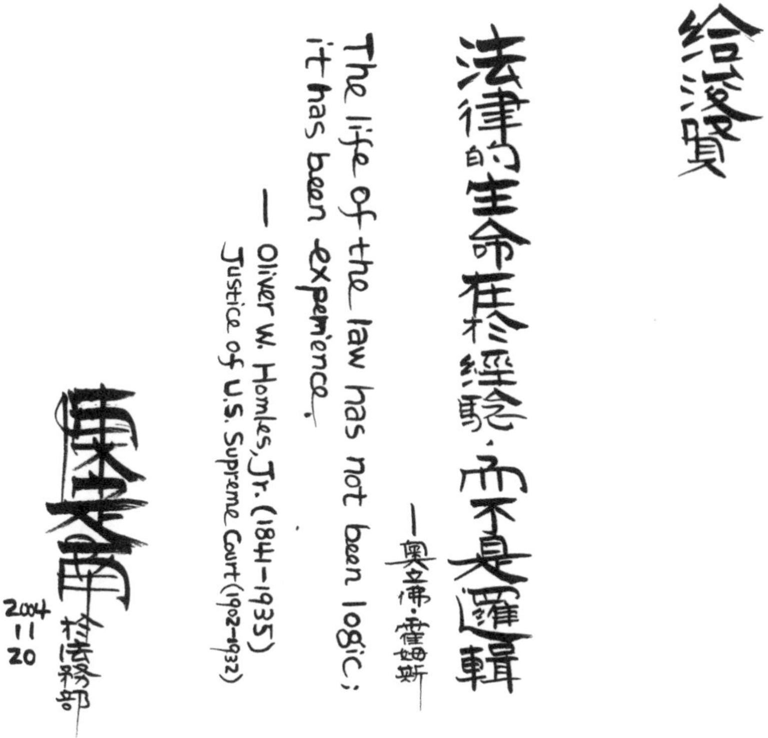
法律的生命在於經驗，而不是邏輯
—奧立佛·霍姆斯
The life of the law has not been logic; it has been experience.
— Oliver W. Homles, Jr. (1841–1935)
Justice of U.S. Supreme Court (1902–1932)
陳定南
2004 11 20
於法務部

陳定南對於法律的題辭，相當程度的反映了他對法律的見解，以及他對法律人的期許。

法務部用箋

1

文馨發行人吳克大鑒：去年六月承贈「文馨當代英漢辭典豪華大字紀念版」，資更臻完美，可喜可賀。上週六（十一月二十二日）在台美基金會頒獎典禮會場，弟提及美語尾音ɪ与i一事，係緣於最近閱讀「精準KK音標發音指南（賴世雄編著，常春藤出版）」，獲知「祇要有兩個音節以上的字，字尾有ɪ的音標時，均要唸成i而非ɪ（詳該書第九頁）」。弟為指導小犬（大一与高二男生）學習，特詳閱 Macmillan English Dictionary（MED）並檢視該字典所有字尾是i与ɪ之單字，並依長尾音i与短尾音ɪ分別列表區分，提醒小犬矯正發音。唯於國內英漢辭典均未訂正上述讀音，

法務部用箋

2

僅不揣鄙陋，野人獻曝一番，奉上家書數篇（含讀書的方法）与上述尾音ɪ与i之單字分類表各一份，敬請 卓參。至盼文馨或為國內第一本採用最新美語注音之英漢辭典。耑此，敬祝

台安。

陳定南敬啟
2003年11月25日

法務部用箋

1

編輯先生：

本人發現貴公司出版的名人演說一百篇裡面的尼克森第一任就職演說全文，實際被刪七處57段（原文76段），刪除的篇幅高達百分之七十五（原文157行被刪116行，僅保留41行），但貴行卻祇在第54頁第四行与第五行之間註明刪減一處，其餘六處被刪的38段，均無刪減符號（……）。看來，其他的99篇名人演說，很可能還有相同的疏漏，建議全面校勘訂正。

另辭源上冊第122頁的「人面桃花」，要加註參閱「崔護」，並指其頁次（上冊第488頁），反之，「崔護」對「人面桃花」亦然，以發揮詞書字典旁徵博引、交互參考的特色。

法務部用箋

2

此外，對「崔護」的註解，只著重人物的身世，而不是再將「人面桃花」的註解重複一遍，交差了事。相形之下，中國商務版的辭源、三民書局的大辭典与中華書局的辭海，對上述兩詞的處理模式，較為可取。茲隨函檢附相關資料，敬請 卓參。

附件：一、名人演說一百篇節錄的尼克森第一任就職演說。
二、尼克森就職演說全文。
三、貴公司辭源与三民書局大辭典對「人面桃花」与「崔護」的註解。
四、上海商務版辭源与中華書局辭海對「人面桃花」与「崔護」的註解。

陳定南敬啟
2002 10 15

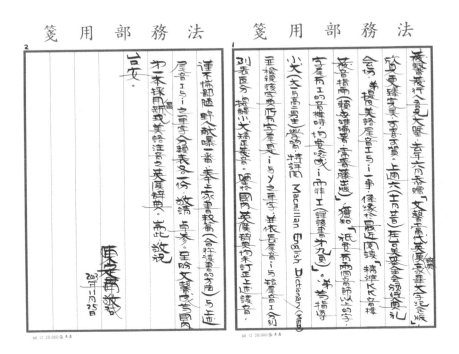

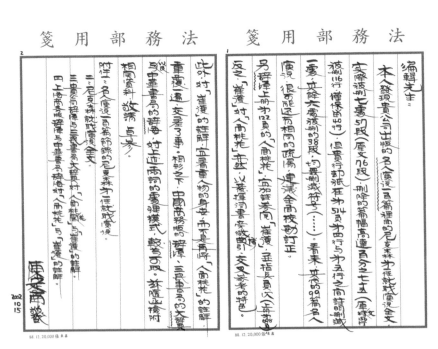

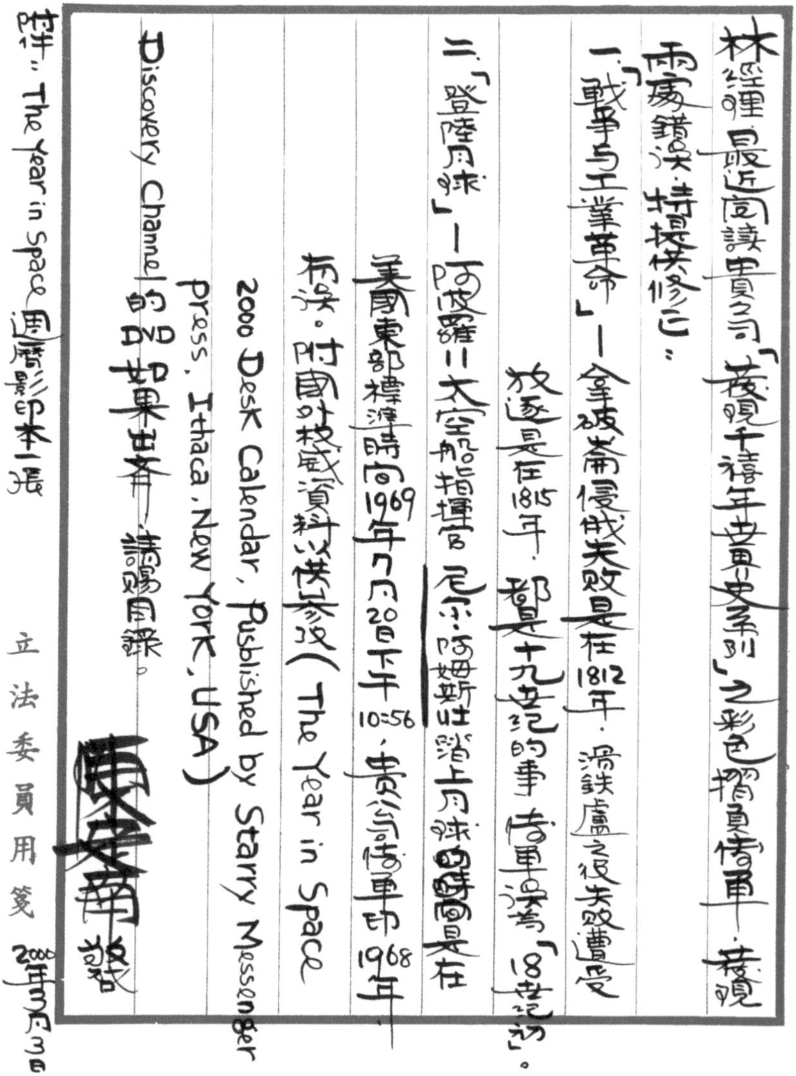
林經理：最近閱讀貴公司「發現千禧年世界史系列」之彩色摺頁傳單，發現
兩處錯誤，特提供修正：
一、「戰爭與工業革命」——拿破崙侵俄失敗是在1812年，滑鐵盧之役失敗遭受
放逐是在1815年，都是十九世紀的事，傳單誤為「18世紀初」。
二、「登陸月球」——阿波羅11太空船指揮官尼爾·阿姆斯壯踏上月球的時間是在
美國東部標準時間1969年7月20日下午10:56，貴公司傳單印1968年
有誤。附寄可校對資料以供參考（The Year in Space
2000 Desk Calendar, Published by Starry Messenger
Press, Ithaca, New York, USA）
其Discovery Channel的DVD如果出齊，請賜目錄。
附件：The Year in Space週曆影印本一張
立法委員用箋
陳定南 敬啟
2000年3月3日

陳定南堅持正確，只要是發現所閱讀的書有錯誤，不論是旅遊名著、知名英漢辭典等，都立即去函建議訂正。

曾幾度購書送給所屬同仁。

就算在病中，陳定南仍然對書本心心念念，交代祕書替他整理書籍，想在宜蘭新家設置家庭圖書館，和大家共享書香。朋友來探望他，他也要對方不要送禮物，只要帶書。一回，表姪女張紫薇向他提及當時閱讀的一本《世界是平的》，他聞其內容，引起興趣，便交代張紫薇帶到病房讓他閱讀。

對陳定南而言，知識是他的渴望，書是他的至愛，終其一生不停地熱切追求。在繁忙的公務、紛擾的人情糾纏之間，讀書使他心靈得以平靜、充實。這份執著不曾因為人生的際遇而改變，甚至纏綿病榻依舊掛念。

冷面熱腸　任俠率真

雖說在公事上，陳定南的作風以「不講人情」出了名。但這絕不代表他的為人是冷酷無情的。相反地，他有著極柔軟同時也極慷慨的心胸。

陳定南生性樸實，向來不吃排場官架子那套。在擔任立委、部長期間，回宜蘭從不坐公務車，而由特約的計程車司機游再添接送。對於這位部長的為人，阿添如是說：「我和他一起吃飯，他會幫我夾菜」、「如果剩三塊豬肉，他會兩塊給我，自己吃一塊。」

管家蕭女士在陳定南家中幫傭多年，生活大小事，無微不至。雖是受雇於陳定南，卻有如家人一般。而陳定南不但視她如親人，也相當敬重、照顧她。知道管家一直想去日本，他便特地安排在日本舉辦萬國博覽會時帶她前往，並出錢請她的姪女同行照顧。因為這樣的真誠相待，管家更是打從心底深愛陳定南一家，時常護著陳定南的名聲，甚至看不慣旁人對陳定南的胡亂批評。遺憾的是，在陳定南罹癌之後，管家得知病情之嚴重，過度擔憂和悲傷，年事已高的身體難以承受這樣的打擊，早一步離開了人世。

陳定南在工作場域上看似一板一眼，私底下卻默默關心同事的狀況，甚至經常做出令人意外的貼心舉動。當時行政院副祕書長陳美伶氣管不好，收到陳定南買的治氣管藥和蜂膠。得知檢察官陳瑞仁工作過度積勞成疾，陳定南便送魚油及維他命，並且叮嚀他注意血壓。他對人是這樣慷慨、溫情，尤其對朋友更是體貼關懷。

令人莞爾的是，這類「貼心舉動」仍是不脫「陳氏風格」，在此舉出兩個例子來證明；第一件是發生在陳定南罹癌之後，當時他雖然病重，仍不改強烈求知慾研究起營養食品，在書上讀到「吃什麼食物對眼睛最好」的相關資訊後，就送該書及藥給前檢察司長蔡碧玉，要她好好保養眼睛。

另外，每逢中秋節，陳定南都會送宜蘭一家「李阿又餅店」的月餅給朋友吃，

陳定南（輪椅後方左側站立者）為感謝服務廿六年、高齡八十歲的管家蕭女士（坐輪椅者），特別招待她及其姪女隨團，到萬國博覽會參觀一天，然後安排她們脫隊前往東京、京都等地遊覽。

由他的專屬司機阿添幫忙送餅。陳定南對「送餅任務」的要求是「餅送到對方手上時必須仍是溫熱的。」有一年下大雨，天氣悶濕，陳定南竟然打電話告訴阿添：「車上不可以開冷氣，以免把餅吹涼了。」送禮送得龜毛至此，大概也就只有陳定南一人了。

陳忠茂就說：「部長對違法的人才會不近人情，六親不認，其實他很『軟心』。」陳定南許多看似矛盾的特質，其實始終是一貫的。在公事上的「六親不認」是因為心繫社會多數人的利益。然而在私底下對別人的好——就算自己身在病中也不忘掛念他人的健康，同樣是一種無私的表現。

他待人的好，也不只是表現出一時的恩惠，而是一股打從心底的真誠。就像他喜歡美食、懂得「吃的學問」，招待他人「吃」卻不像一般人擺出豪華的排場、高檔的菜單算了事。陳定南會將他心中真正的美味分享給別人，不管菜色是否夠「稱頭」，並且邊吃邊熱心傳授相關知識，好讓客人能夠「從吃中學」。

在縣長任內，陳定南就曾在家中宴請議員，他獨樹一格地並未準備大魚大肉、山珍海味，餐桌上只有菜頭、鴨賞、燒酒雞等一般菜色，卻都是他親自準備的。在宴席上，陳定南一一細數每道菜的典故，並教客人各種食材如何料理、如何吃。一桌簡單的美味滿溢主人真誠的心意，最後當然賓主盡歡。

獎狀
陳定南先生捐贈本縣大洲
國民小學新台幣壹萬元正
捐資興學熱心教育特頒獎狀
以資表揚
此狀
宜蘭縣縣長 陳定南
中華民國[illegible]年[illegible]月十日

小學母校大洲國小校慶，陳定南捐贈基金，獲得教育主管機關縣長陳定南的表揚。

節儉念舊　愛物惜物

陳定南對書本的投資一擲千金，永不滿足。在日常生活上，陳定南卻是節儉念舊得令人嘆為觀止。從當上縣長開始，他便極為排斥其他官員的講究排場：外出坐計程車、不帶大批隨扈，平常在外最常吃的不是自助餐就是路邊小吃。衣著方面，陳定南喜穿西裝，卻不是為了派頭，而是自認穿西裝最好看，連行政院長邀約爬山也堅持穿西裝與會。衣櫃裡，卻只有深淺兩色西裝各一套，兩套替換著就這麼穿了十幾年，最後甚至都可以看見修補的痕跡仍繼續穿著，直到部長任內出訪美國，才在部屬半勸半逼之下添購新衣。

若要說什麼是和陳定南形影不離的，戴在他腕上那隻手錶絕對當之無愧。那是一九六二年陳定南考上大學時父親送給他的禮物，從此他便一直佩戴著，一戴四十幾年，天天上發條、壞了就送修，捨不得換新錶。於是那隻老機械錶的指針就這麼滴答走著，陪伴他走了一輩子。

陳定南腳上那雙皮鞋更是一絕，穿了許多年，一樣是屢破屢補，甚至拿「電火布」貼住鞋底磨穿了的破洞。當陳定南還在縣長任內時，有一次，因為規劃興建宜蘭市東港陸橋，引來居民抗議，民眾聚集包圍縣政府辦公室，撕破陳定南西裝，強行脫去陳定南的鞋子，往水池裡丟，事後有好奇的民眾下池撿起，

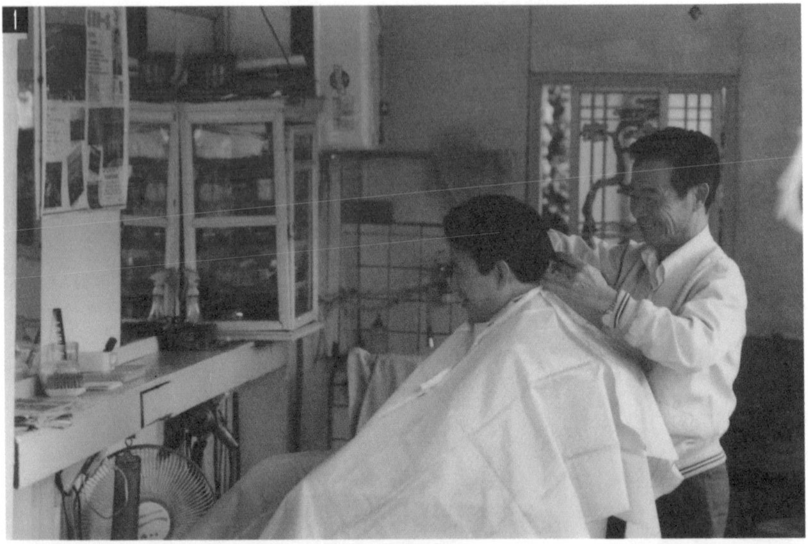

1. 陳定南（中坐者）固定在大洲街上這家小理髮廳理髮。
2. 陳定南擔任宜蘭縣長時，時任臺灣省主席李登輝所送的公事包，雖迭經修補，直到擔任法務部長時仍不離身。裡面裝的少不了捲尺、鐵鎚、字典等基本的檢測工具。
3. 陳定南的父親在他考上大學時送的手錶，四十多年佩戴，時時送修，陳定南直到病重住院仍戴在手上。

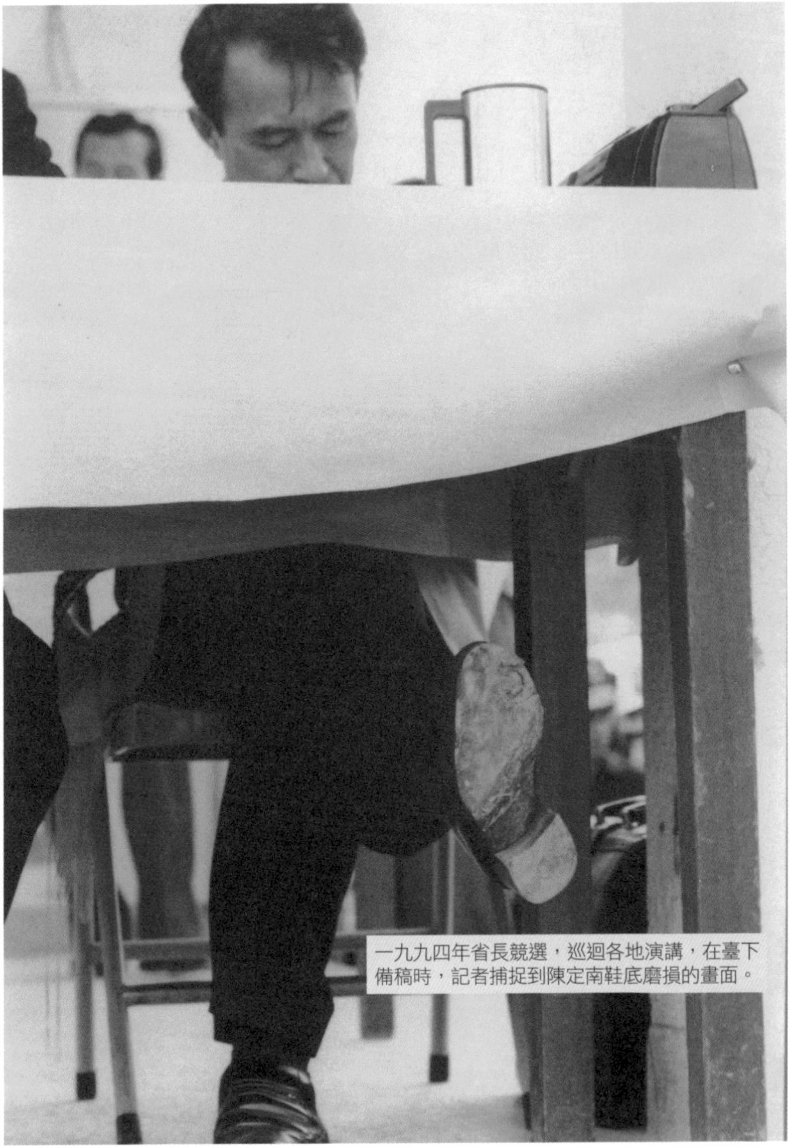

一九九四年省長競選，巡迴各地演講，在臺下備稿時，記者捕捉到陳定南鞋底磨損的畫面。

卻發現鞋底的破洞，原來陳定南穿著這雙舊鞋，早已「腳踏實地」了。前縣府農業處長黃壽華親眼目睹：「人潮散後，派出所警員逮捕兩名帶頭滋事者，請示陳縣長是否送法辦？陳定南認為，示威請願乃人民基本權益，因此當場釋放。」

俯首甘為孺子牛

談到陳定南對兩個兒子的疼愛，那可真是有說不完的故事。市井尤其流傳著一句話：「在宜蘭，只有兩個人比陳定南大，那就是他的兩個兒子。」而家裡的女主人更說：「定南寵小孩，寵到恨不得將天上的星星摘下來給他們。」大兒子小乖出生的時候，陳定南已經快四十歲，中年得子，視如珍寶，總是盡一切努力滿足兒子的要求，在家裡甚至扮馬讓兒子騎著玩。「爸爸最大的優點是對小孩展現無條件的關心，很有耐心。」小乖說，爸爸很少拒絕他們，而且，對他們提出的任何事都抱有很大的耐心，極少動怒。陳定南自己也表示：「我對孩子可以和顏悅色，一般家長教小孩兩句話不合可能就生氣、起爭執，我不會。」

小乖說，小時候喜歡和弟弟、父親一起睡覺，三人擠在一個房間，父親會把床讓給孩子，自己打地鋪或睡床尾。

小乖還說，父親雖然公務繁忙，但只要有空就會帶他們去戶外走走，去海邊戲沙、到養蝦池釣蝦、在運動公園或文化中心放風箏。

尤其是放風箏，那幾乎是陳定南一家最快樂、愜意的時光。張昭義說，當陳定南看到風箏又高又遠地飛翔在空中，以及孩子們仰首看著風箏時臉上燦爛的笑容，更決心保留文化中心這塊美麗的綠地。

兩個孩子都是在陳定南縣長任內出生，他經常因為公務繁忙而無法陪在孩子身邊。不能太常見到父親，小乖和小寶一天便打很多通電話給他，可以為了「爸爸什麼時候要回家」這件事不厭其煩地詢問，父子三人簡直如膠似漆。

為了融入孩子們的世界，陳定南總是盡力了解、參與，例如小兒子小寶對當時很紅的偶像團體「小虎隊」十分著迷，在家裡常常拿著紙捲充當麥克風，模仿小虎隊的歌舞又唱又跳，陳定南也會跟著應和、打節拍，父子兩人玩得不亦樂乎。另外，第一次波斯灣戰爭開打時，小乖正好熱衷於各種軍事武器，喜歡翻閱報紙相關報導，陳定南除了陪兒子一起剪報，還找來許多相關百科書籍，好讓兒子看得過癮，滿足興趣、充實知識。

一九七八年，卅六歲的陳定南與小他九歲的張昭義結為連理，四十歲時才喜獲麟兒。陳定南八年縣長任內，專心於公務，為了彌補疏於父子親情的缺憾，給當時唸小一的大兒子小乖，和才兩歲的小兒子小寶當馬騎，則成了陳定南平常回家最常做的「功課」。

時任宜蘭縣警察局副局長的王一飛回憶說，有次跟陳定南從宜蘭來臺北處理公事，陳定南夫人亦有事來臺北卻搭火車往返，我問他為何不順道載一程，陳定南說：「公器不能私用」。那個時候，時常可以看到夫人，自己一個人在火車站排隊買車票，而居家時簡單方便的自行車，便是最親密的日常工具。

同志操戈　揮別法務部

陳定南處理公務向來對事不對人，肅貪對象當然也不分藍、綠，一視同仁。不少綠營重量級人物也遭到偵辦，引起民進黨內部許多人心生不滿，甚至暗諷陳定南為「盲劍客」。

大環境如此，陳定南縱有再強的鐵腕，也是力不從心。二〇〇四年陳水扁連任總統，陳定南是內閣成員中少數留任者，但是他的處境卻日益艱難。雖然擁有昔日的傳奇光環，在當下卻因性格過於剛直，在「政治」上極不討好。

在陳定南擔任法務部長的最後半年，被冷落的趨勢越來越明顯，甚至喪失法務部長主導人事布局的權力。當年年底三合一選舉，民進黨未能贏得國會半數席次，部分落選者竟操戈相向，將敗選責任怪到陳定南身上。民進黨中常會上，陳定南當年曾大力助選的大學同學周清玉，也指責法務部長查賄不公，措辭嚴厲。對陳定南而言，這是極大的傷害，檢察官查賄本來就不分藍綠，這次查賄起訴案件創下歷史新高，如此盡心盡力，「做對的事」卻與「政治利害」相牴觸，而讓他背上導致敗選的罪名。

返鄉參選　最後一役

於是，在地方人士連署聯名邀請下，陳定南決定辭去法務部長返鄉參選第十五屆宜蘭縣長。關於這個重大決定，他說：「願意如同廿四年前一樣，不計個人利害得失，再度背起政治的十字架，接受父老鄉親的徵召、期許讓宜蘭縣順利踏進另一個新的里程碑。」

在他親筆書寫〈我願意接受這項光榮的使命〉中表示：「此時離開法務部不無缺憾，但眼見北宜高速公路在年底通車後，故鄉要面臨巨大的衝擊與嚴酷的挑戰，我不能視若無睹。」守護蘭陽土地的殷殷之情表露無疑。

然而，就現實層面來看，陳定南返鄉參選已不是神話的再現，而是不得已的選擇。就如同唐飛所說的：「人是健忘的，宜蘭鄉親已慢慢忘了他，同黨同志也會認為『他為什麼回來搶我的位置？』」陳定南抱著使命感回家鄉，卻沒料到時代、環境早已變了，他有政治潔癖，不朋分利益，靠著過去的光環回來，在這個政治庸俗化、一切只求急功近利的時代，要「東山再起」，只能說實在困難重重。

連一直都最支持陳定南的小姑媽也抱持反對意見，「我特別到臺北，到法務部長室去見他，因為我聽風聲不太好。有些鄉親說，都已經做到部長了，那有人這樣，還降一級回來選縣長。」但當時陳定南不吭聲，並未回答。

人們是健忘的、是無情的，甚至更多是一心趨利的，陳定南富理想性的崇高號召，竟無法感動選民，反而引起有心人士的抹黑攻擊，對他的名譽造成不小的影響。就這樣，一方面抓不住選民的心，一方面遭到中傷，黨內又有人扯後腿，陳定南回鍋參選縣長，最終仍是落敗了。對他來說，這一跤跌得實在不輕，也必然灰心，留下無法彌補的失落。有好一陣子，陳定南不太和人接觸，多靜靜獨處，彷彿在調適著，去認清這個早已容不下自己一身傲骨的現實世界。

青天殞落

二〇〇五年底，陳定南返鄉參選宜蘭縣長失利，眾人失望、悲傷難過，自己更大受打擊。雖然在記者會上表現出堅強的風度，但他心中的失落和委屈是可以理解的。然而，生命中還有更嚴酷的考驗在等著他。

選戰期間的勞累自是一般人難以想像的，陳定南又律己甚嚴，從三合一選舉後便開始咳嗽不止，不過他並不以為意，因為素來支氣管就敏感而經常咳嗽。

二〇〇六年，選後一度閉關的陳定南，難得到臺南參加一位老友鄭醫師的公祭，鄭家人有多位都是醫師，發現陳定南臉色不太對，直接帶他到奇美醫院進行檢查。檢查過後，陳定南也不太在意，然而就在春節前後，他接到來自臺南的電話，對方提醒他要再到臺大醫院檢查，因為他的肺部X光片出現可疑斑點，需要進一步追蹤。

元宵節後，陳定南赴臺大醫院檢查，確定罹患肺腺癌，且已至第三期。「當醫生以難以啟齒的口氣，告訴我肺部有惡性腫瘤時，我心裡的確難過了一下，死亡的陰影突然間籠罩下來。」在手稿中陳定南這麼寫著。

張昭義則說：「剛開始知道時，他很難過，但好強的定南，沒多久就接受事實。」於是，陳定南住進臺大醫院開始接受治療。消息傳出，聞者莫不震驚，也難以接受。有網友留言說：「這消息使我呆立在自助餐店的電視機前久久不能移動。」眾人感到擔憂、不捨和震驚：擔憂陳定南的健康，不捨他長期以來憂國憂民卻疏忽了自己，而震驚，則是因為消息來得太過突然，甫經敗選的打擊，命運之神怎麼又要給他這麼大的考驗呢？

許多人想去探視陳定南，多數遭到婉拒，令人忍不住要嘆一句：「果然陳定南」。當時的總統府祕書長陳唐山、總統府辦公室主任馬永成，則是沒有事先連絡就直奔臺大病房，陳定南連拒絕都來不及。

二〇〇六年三月間，陳定南住進臺大醫院接受治療，病房的電視櫃上，放著美國甘迺迪總統雕像，看到探病的朋友，陳定南總是指著雕像說：「甘迺迪真好命，在人生最絢爛的時候離世，如今世人提起他，都是懷念。」陳定南對朋友說：「羨慕林肯、甘迺迪，死得其時。」、「趁我現在的名聲尚好，能在此時和大家說再見，也是幸福」。「只要有機會為國家人民作點事，不介意少活幾年」。

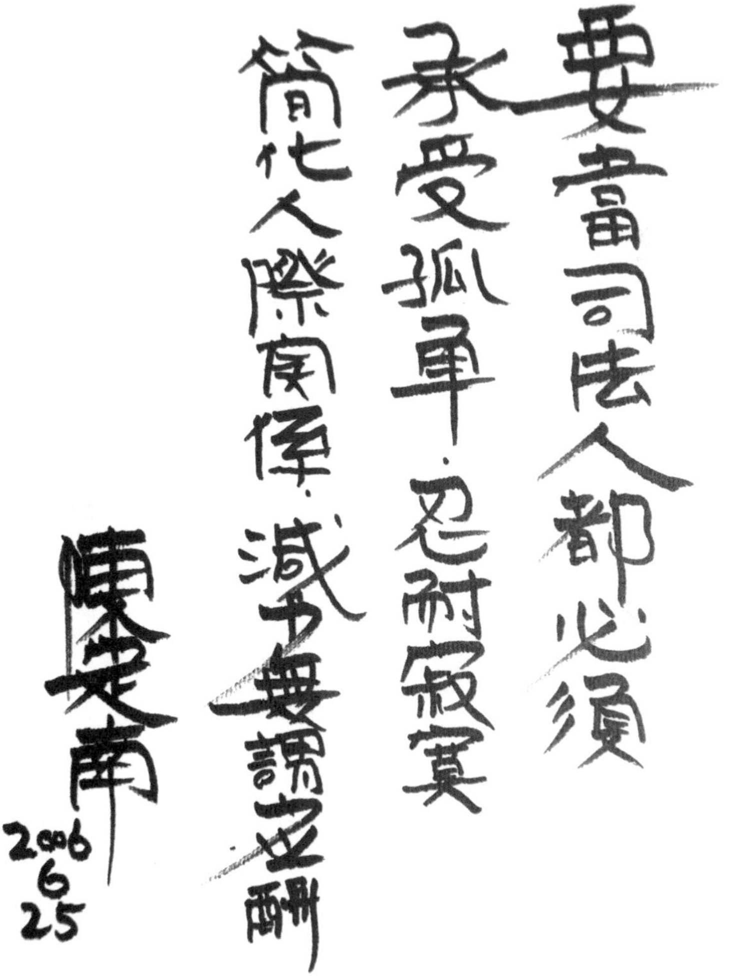
要當司法人都必須
承受孤單·忍耐寂寞
簡化人際關係·減少無謂應酬
陳定南
2006
6
25

辭世前一百卅二天在參觀司法文物展時，陳定南仍以他標準的陳式簽名，寫下對司法人員的期許，字跡仍舊強勁，力透紙背，絲毫看不出是癌末病人的手筆。

即使在病中，陳定南都沒閒下來。在記事本上一則又一則地寫著腦海裡尚未實踐的計畫。其中甚至清楚交代後事——關於死後遺體的處理，陳定南言明要在三天內火化、不辦公祭、不收奠儀、骨灰灑在蘭陽平原上。

另外，陳定南還打算在宜蘭建設圖書館、基金會，留一些具有精神意義的「財產」給這個社會。他交代表姪女張紫薇一些特別的任務：包括向波士頓甘迺迪圖書館訂購六座甘迺迪頭部銅像、查詢臺灣或中國地區的人像雕塑或浮雕專家、洽詢倫敦杜莎夫人蠟像館，是否能來臺量製全身或半身蠟像。陳定南極看重「紀念」這件事，想訂製塑像留給家人。

六月，網路部落格「早安死神」正式開張。就連部落格的標題都有如此的氣魄；與死神面對面、與生命賽跑。陳定南在第一篇文章中寫著病後家人首度齊聚，讓他流下高興的眼淚，決定堅強面對病魔。文末還提醒死神：「告訴你老闆，我可是粉龜毛喔！」語帶俏皮，卻流露勇者無懼的姿態。

部落格開張後，反應熱烈，點閱人數節節高升，大批網友留言為他加油、打氣，還有不少人提供治癌偏方，只望陳定南能早日康復。

不過，陳定南罹患的不是一般疾病，而是惡性腫瘤，縱使再堅強、再樂觀，也日益耗損著他的精力和體力，以往爬山總是健步如飛的他，有一次走了六千步之後，體力不支甚而必須休息兩天。從此醫生規定他一天不能走超過兩千步。

之後，由於化療強烈的副作用，加上親友對中西醫的爭論不斷，陳定南放棄化學治療，改採生機飲食和中醫療法。在豐泰鞋廠王董事長的熱心協助下，陳定南一家搬至雲林斗六靜養。

在雲林的日子可說是這家人難得團聚的時刻，有了彼此的陪伴，一家人都過得既平靜、又愉快。而陳定南的房間裡，依舊擺滿書籍和唱片，依舊整理得一絲不苟，始終如一。

陳定南預感，這是最後的相聚，時時叮嚀兩個孩子要用功讀書、好好照顧媽媽。他知道小乖遺傳了自己嫉惡如仇的正義感，一直擔心小乖脾氣急躁、衝動壞事，殷切叮囑要改掉急躁的脾氣，「學會慢條斯理地表達想法。」

二〇〇六年中秋節前後，陳定南的身體漸趨虛弱，沒多久心包膜積水，從雲林轉至臺大醫院治療。病情惡化、陷入昏迷。十月底，當昔日部屬謝文定和蔡碧玉前往探視時，陳定南已無法開口說話，謝文定在離去前緊握陳定南的手，有如訣別，當時昏迷中的陳定南竟自眼角泛出了淚水。

此時，正是陳水扁貪污風暴在臺灣社會吵得不可開交的時刻。當紅衫軍在凱

A9 焦點新聞 自由時報 2006年11月6日 /

難捨陳定南 網友恨無法將時間停格

「14:26 這個時間讓我心好痛

不為人知的一面

人批酷吏 其實他是內斂深情

做善事 不欲人知

愛家人 每天必一抱

不改豁達 部落格向死神

思想起 陳氏風格正直又龜毛

陳定南病逝這一天，他的《「早安 ‧ 死神》」部落格一天湧入逾廿萬人，有人高喊「老天不公平」、有人留言「死神帶走了臺灣的包青天……也帶走臺灣的清廉政治」。檢察官陳瑞仁有所感嘆：「國內政壇風雨飄搖之際，陳前部長隕落的訊息，彷彿喧擾中的劇場外，傳來重聲的旁白，宣告了一個時代的結束。陳定南部長在生前有不少人討厭他，但我相信，在他死後，會有越來越多的人喜歡他。」陳定南的好友戴振耀欣賞陳定南是「有風格的臺灣人」，生前為臺灣人說出心裡想說的話，更在戒嚴時期，幫臺灣人解除許多禁錮，站在土地、人民立場從政，死後仍為臺灣社會立下可供後人追隨的典範。

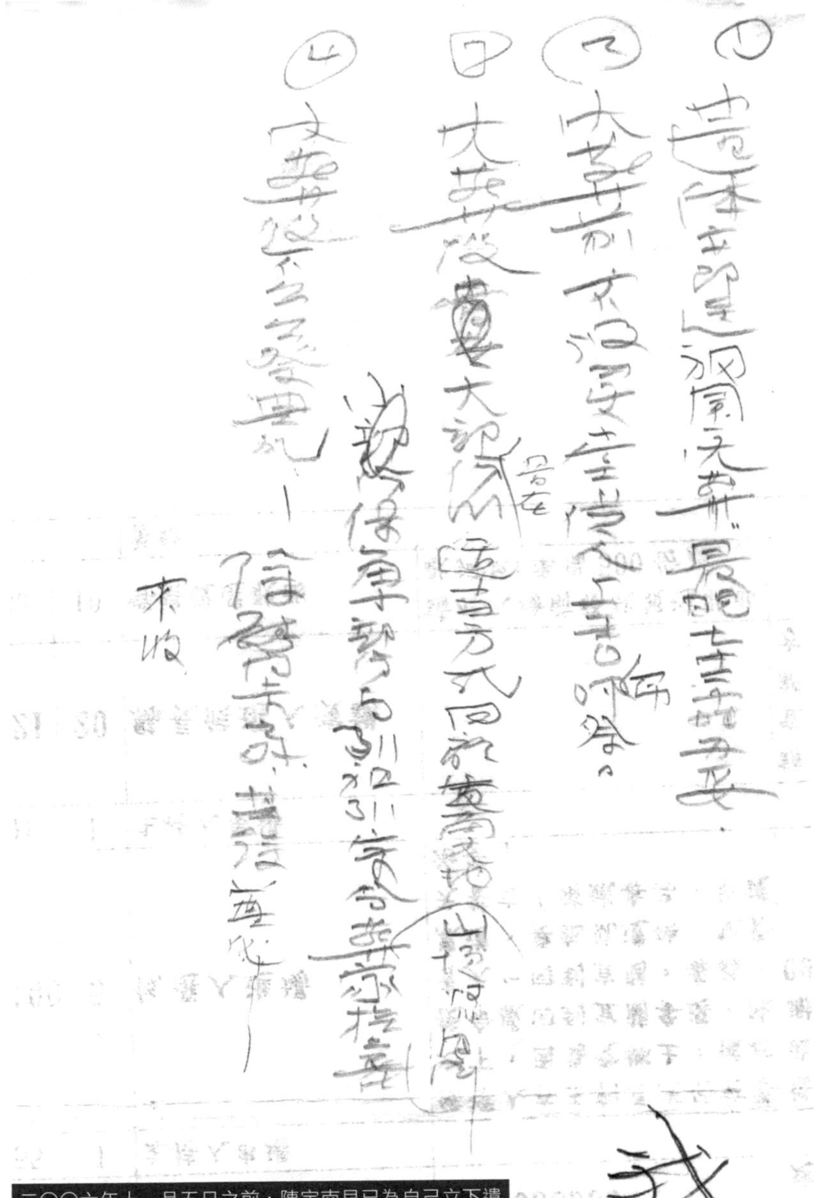
(1) 遺體立即送福園火葬，七十二小時內辦妥。
(2) 火葬前不設靈堂、不舉行公祭。

二〇〇六年十一月五日之前，陳定南早已為自己立下遺囑：遺體立即送福園（宜蘭員山）火葬，七十二小時內辦妥，火葬前不設靈堂、不舉行公祭，除慰問卡外不收奠儀。

達格蘭大道上高喊「阿扁下臺」之際，陳定南的身體在病榻上已有如風中殘燭。

二〇〇六年十一月五日下午二點廿六分，陳定南病逝於臺大醫院，享年六十三歲。遺體送回故鄉宜蘭，依其遺願不設靈堂、不辦公祭，七十二小時內完成火化。各界人士紛至沓來，前往弔唁，包括昔日同學、朋友、同事甚至素昧平生的鄉親，一張張小卡寫滿無盡緬懷與哀思。然陳定南的身軀早已回歸大地，在他終生深愛的蘭陽平原上得到安息。這些仍然活著的人縱有說不完的敬愛與追念，卻只能仰望他的背影，因為，陳定南早已遠遠走在世人前面，他的所作所為不只是模範、更是遙遠的標竿。從離開人世的那一刻開始，他便已昇華成一種被永遠懷念的精神，永遠活在後人心中。"To live in the hearts of those left behind, is not to die."

附錄

陳定南　生平

一九四三年　九月二十日出生於宜蘭縣三星鄉。
一九五六年　宜蘭縣三星鄉大洲國民小學畢業。
一九五九年　宜蘭中學初中部畢業。
一九六二年　宜蘭中學高中部畢業。
一九六六年　國立臺灣大學法律學系畢業。
一九六七年　擔任東方廣告公司業務，企劃課長。
一九六九年　擔任首席設計傳播公司業務課長。
一九七一年　擔任亞中鞋業公司業務經理。
一九七九年　創業鞋類出口貿易公司擔任總經理。
一九八一年　擔任宜蘭縣政府（第九屆）縣長。

一九八三年　九月實施「青天計劃」，派人進駐水泥廠，廿四小時監測，全面取締污染，並將罰款作為受害地區補償性建設經費。

一九八五年　一月宜蘭縣取消國定假日紀念會及遊行，率全國之先實施彈性休假。

一九八五年　擔任宜蘭縣政府（第十屆）縣長。

一九八七年　挺身反對「六輕」，並與台塑企業董事長王永慶上電視辯論（十二月十三日）。

一九八八年　七月裁撤違法的行政機關人二室及校園安維祕書，銷毀忠誠資料。

一九八八年　九月免除電影院播放國歌影片，開全國風氣之先。

一九八九年　七月邀請臺灣大學教授於幼華等十六位學者，制定「環保大憲章」，以期維護蘭陽美麗淨土。

一九九〇年　擔任立法院（第一屆增額）委員。

一九九〇年　擔任「反六輕組織」召集人，整合各界力量全力反六輕，再度成功阻止六輕捲土重來的企圖。

一九九三年　擔任立法院（第二屆）委員。

一九九四年　三月擔任民進黨查賄小組召集人，建議中央黨部對行賄或受賄的縣市議員，予以開除黨籍或停止黨權，敢於破除情面，公正執法。

一九九四年　七月獲民進黨提名參選第一屆臺灣省省長，不幸敗給國民黨的「恐嚇牌」。

一九九六年　擔任立法院（第三屆）委員。

一九九八年　三月獲天下雜誌選為臺灣歷史上最有影響力的五十個人物之一。

一九九八年　獲社會大學未來領袖學院票選為「領航二十一世紀臺灣」的前五名立法委員。

一九九九年　擔任立法院（第四屆）委員。

二〇〇〇年　擔任法務部（第十五任）部長。

二〇〇〇年　九月十一日《亞洲華爾街日報》（The Asian Wall Street Journal）肯定法務部掃除黑金的決心與立竿見影的績效，並將陳定南比擬為 Elliot Ness（聯邦密勤局幹員、美國黑金剋星）。

二〇〇二年　七月十二日訪問美國聯邦司法部，部長約翰・艾希克羅（John Ashcroft, US Attorney General）以邦交國禮儀隆重接待，是臺美斷交後最重大的外交突破之一。

二〇〇三年　十月應邀在加拿大國會司法委員會致詞，全文列入國會紀錄。

二〇〇四年　五月再獲陳水扁總統任命為法務部長。

二〇〇五年　一月廿三日宣佈接受宜蘭鄉親徵召，決定返鄉準備參選縣長。

二〇〇五年　一月卅一日辭法務部長。

二〇〇五年　十月四日代表民主進步黨登記參選宜蘭縣第十五屆縣長。

二〇〇五年　十二月三日媒體大肆炒作執政黨高層涉嫌弊案，造成政黨支持度下滑、三合一選舉有利於國民黨賄選操作；公教退休金優惠利率之改革，未能有效宣導等，諸多不利因素致縣長一役功敗垂成。

二〇〇六年　二月因咳嗽不止，經檢查為肺腺癌第三期。

二〇〇六年　十一月五日下午二時廿六分病逝臺大醫院，享壽六十三歲，留給宜蘭鄉親及海內外臺灣人無盡的不捨與哀思。遺囑並交代：遺體送回宜蘭福園，不設靈堂、不辦公祭、七十二小時內完成火化。素樸風範，為青天形象畫下完美句點。

主流人物系列5

廉能政治的實踐家：陳定南傳

編　　寫：黃增添
策　　劃：財團法人陳定南教育基金會
潤　　稿：黃瑞疆
社長暨總編輯：鄭超睿
編　　輯：李瑞娟、游任濱
封面設計：楊啓巽工作室

出版發行：主流出版有限公司 Lordway Publishing Co. Ltd.
出 版 部：臺北市松山區南京東路五段123巷4弄24號2樓
電　　話：(0981) 302376
傳　　眞：(02) 2761-3113
電子信箱：lord.way@msa.hinet.net
郵撥帳號：50027271
網　　址：http://mypaper.pchome.com.tw/lordway

經　　銷：
紅螞蟻圖書有限公司
台北市內湖區舊宗路二段121巷19號
電話：(02) 2795-3656　　傳眞：(02) 2795-4100

華宣出版有限公司
新北市中和區連城路236號3樓
電話：(02) 8228-1318　　傳眞：(02) 2221-9445

2018年10月　初版1刷
書號：L1805
ISBN：978-986-96653-0-8（平裝）
Printed in Taiwan

國家圖書館出版品預行編目資料

廉能政治的實踐家：陳定南傳 / 黃增添著.
-- 初版. -- 臺北市：主流, 2018.10
面；　公分. -- (主流人物系列；5)

ISBN 978-986-96653-0-8（平裝）

1.陳定南　2.臺灣傳記

783.3886　　107017731